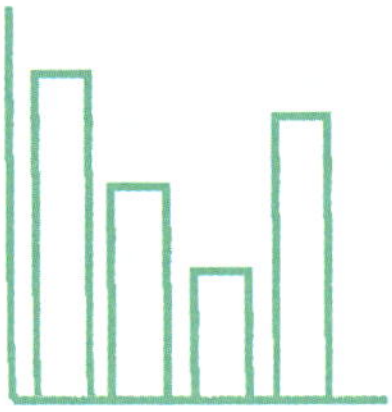

Meine Wissens-Wunderkiste

Mathe

Katie Daynes
Illustrationen: Stefano Tognetti

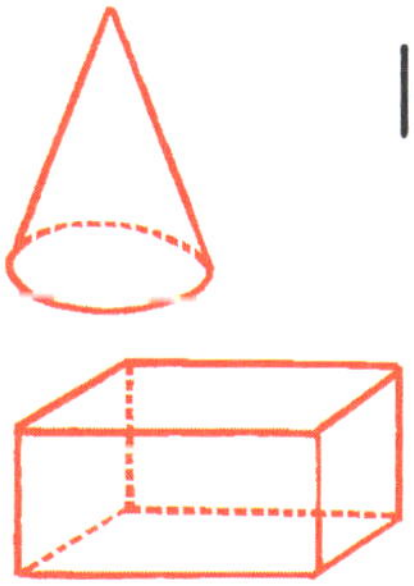

Gestaltung: Alice Reese

Text: Rosie Dickins
Seriengestaltung: Zoe Wray
Fachliche Beratung: Sheila Ebbutt
und Penny Coltman

Inhaltsverzeichnis

Hier siehst du, welche Themen im Buch behandelt werden.

Die Zahlen geben an, auf welcher Seite ein Thema beginnt.

Was interessiert dich am meisten? Blättere direkt zur jeweiligen Seite.

Wir sind Mathekäfer.

Du findest uns auf jeder Seite. Wir helfen dir bei den Aufgaben.

Du kennst ein Wort nicht? Schau in den Begriffserklärungen nach!

Wenn du auf diesen Seiten nicht findest, wonach du suchst, wirf einen Blick in das Stichwortverzeichnis auf Seite 80.

Was ist Mathematik?

In der Mathematik geht es um **das Lösen von Problemen.**
Jeden Tag benutzen wir Mathematik auf unterschiedliche Weise.

Hier sind einige Beispiele:

ein Fußballspiel gewinnen oder verlieren

Wo sollte ich stehen?

backen

Wie viel Mehl brauche ich für die doppelte Menge?
Kuchen
2 · 0
250 g
100 ml

ein Brettspiel spielen

Bin ich sicher, wenn ich hierher gehe?

die Uhrzeit lesen

Wie lange dauert es, bis der nächste Bus kommt?
07:45
12:10
16:30

in die Bücherei gehen

Ich darf insgesamt zehn Bücher ausleihen. Wie viele kann ich noch mitnehmen?

Kuchen verteilen

Wie kann ich diesen Kuchen in gleiche Stücke schneiden?

einkaufen gehen

Habe ich genug Geld, um diese Figur zu kaufen?
8€
DINO

Fallen dir noch weitere Beispiele ein?

Um Probleme lösen zu können, ist es gut, sich hiermit auszukennen:

ZAHLEN
zählen
1 2 3 4 5 6 7 8
Ist die Zahl gerade oder ungerade?
+ -
addieren und subtrahieren
multiplizieren und dividieren
· :

Sind unsere Muster gleich?
MUSTER
Welche Blattform kommt als Nächstes?

Wie viele Seiten hat jede Form?
FORMEN
Passen sie zusammen?

MAßE
Wer ist der Größte, Längste, Schwerste?

Diese **Hilfsmittel** kannst du bei mathematischen Problemen nutzen.

Deine **Finger**! Sie sind sehr nützlich beim Zählen.

Dein **Gehirn** ist sehr gut darin, Aufgaben zu lösen.

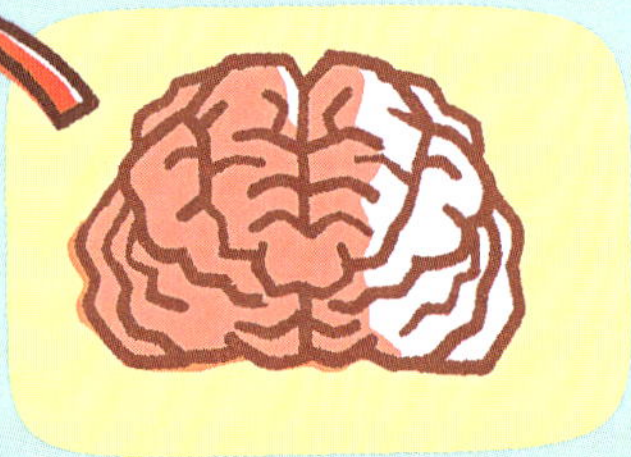

Kannst du vorwärts UND rückwärts zählen?

Ein **Taschenrechner** ist ein kleiner Computer, der schwierige **Berechnungen** durchführen kann.

73 × 24
7 8 9 ÷
4 5 6 ×
1 2 3 -
0 . = +

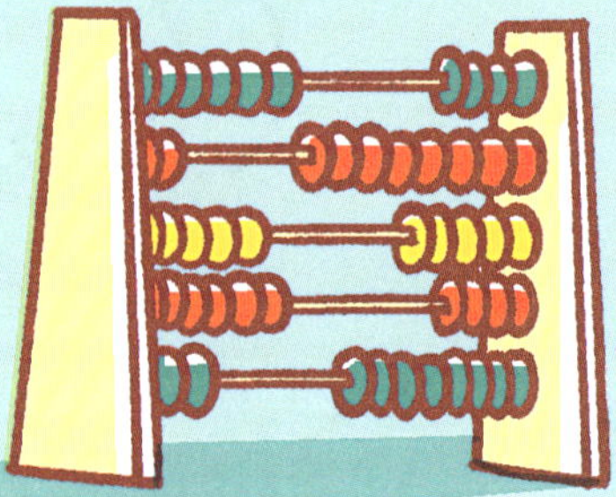

Eine **Rechentafel** ist nützlich, wenn die Finger zum Zählen nicht ausreichen.

Mit einer **Waage** kannst du wiegen, wie schwer etwas ist.

8 g

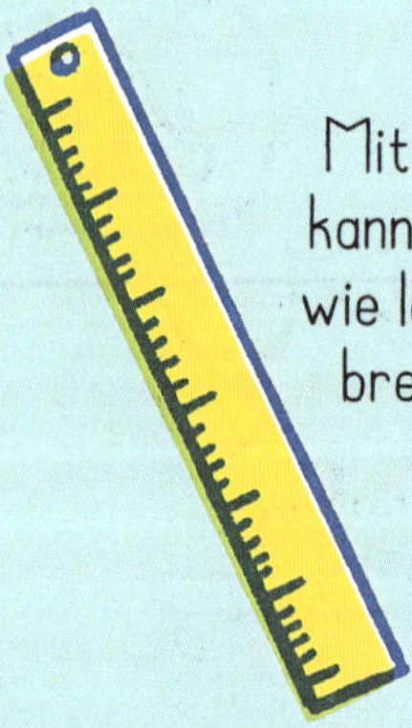

Mit einem **Lineal** kannst du messen, wie lang, hoch oder breit etwas ist.

14
+ 28

Ein **Bleistift** und **Papier**.

Bei schwierigeren Aufgaben ist es sinnvoll, deine Rechenschritte aufzuschreiben.

Es gibt viele **Techniken** und **Tricks**, mit denen Mathematik einfacher wird.

Wenn du viele Dinge zählst, kann eine **Strichliste** sinnvoll sein.

Mach einen Strich für jeden Gegenstand.
Streiche bei jedem fünften Gegenstand die vorherigen vier Striche durch.
Zwei Fünfer-Gruppen ergeben zusammen zehn.

Um Zahlen **zusammenzuzählen** und **abzuziehen**, kannst du deine Finger nutzen.

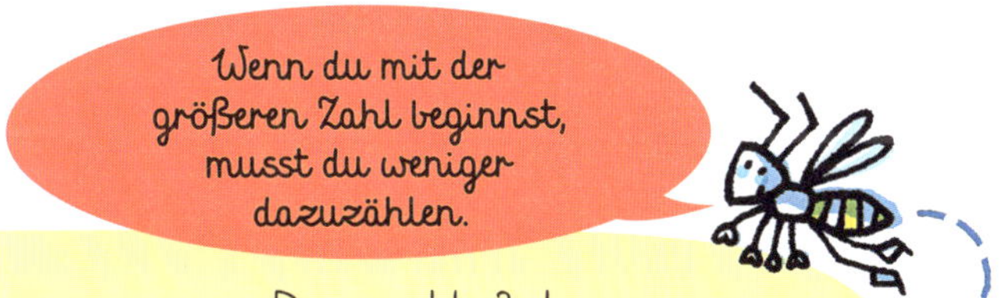
Wenn du mit der größeren Zahl beginnst, musst du weniger dazuzählen.

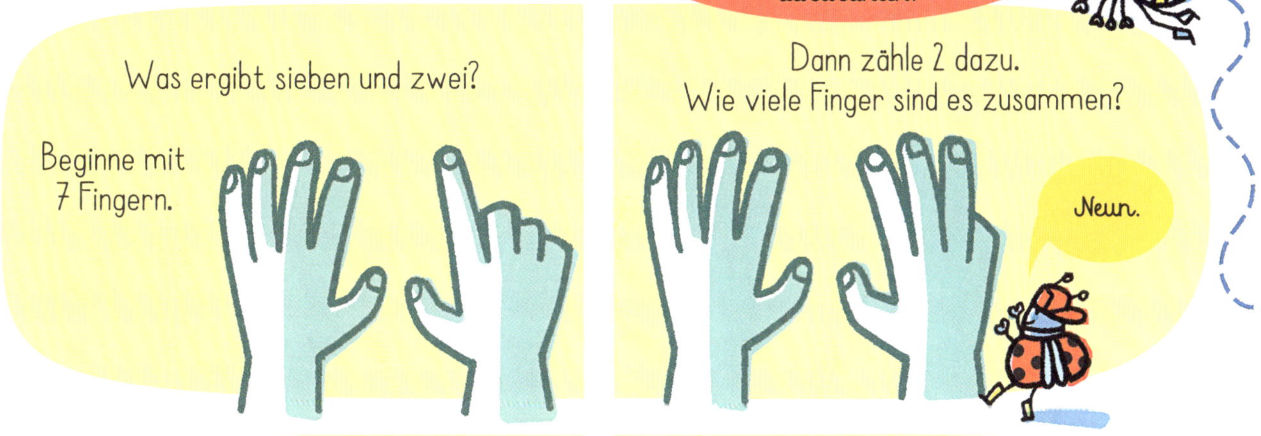
Was ergibt sieben und zwei?
Beginne mit 7 Fingern.
Dann zähle 2 dazu.
Wie viele Finger sind es zusammen?
Neun.

Ziehe fünf von acht ab.
Beginne mit 8 Fingern.
Klappe dann 5 Finger nach unten.
Wie viele sind übrig?
Drei.
Du wirst im Buch viele weitere nützliche Tipps finden.

Zahlen

Die Welt ist voller Zahlen. Überleg dir, wo du sie überall finden kannst.

10:36
BK - HA59
1 2 3 4 5 6 7 8 9 * 0 #
1 2 3 4 5 6 7 8 9 * 0 #
OK
63
Was würden wir nur OHNE Zahlen tun?
19°C
JULI
21
Mein Geburtstag!
Welche Zahlen sind wichtig für dich?
Wie alt bist du?
Wann bist du geboren?
Wie lautet deine Adresse?
Was ist deine Lieblingszahl?
Diese Zahl sagt dir, auf welcher Seite du bist.

Du kannst Zahlen als **Wörter**, **Zeichen** und sogar **Muster** schreiben.

Eins	Zwei	Drei	Vier	Fünf	Sechs
1	2	3	4	5	6

So stehen die Zahlen von 1 bis 6 auf einem Würfel.

Die Zahlen von **Null** bis **Neun** haben ihr eigenes Zeichen, man nennt es **Ziffer**.

0 1 2 3 4 5

6 7 8 9

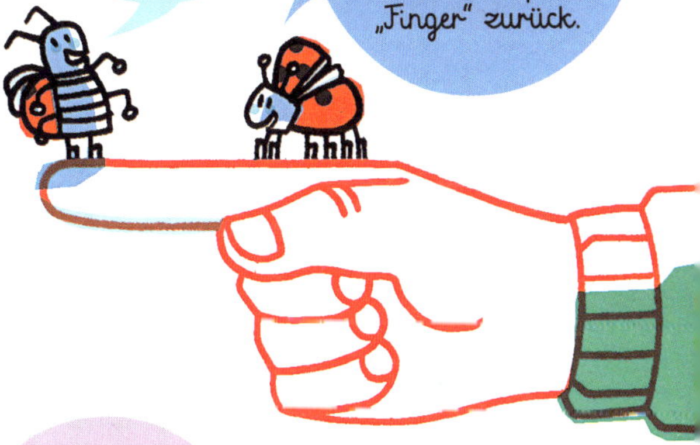
Das Wort „Ziffer" geht auf das arabische Wort für „Null" zurück.
Im Englischen dagegen geht das Wort für „Ziffer" auf ein altes Wort für „Finger" zurück.

Zahlen höher als neun bündelt man zu Zehnern ...

1
Ich habe einen Zehner gezählt.

... und zählt alle weiteren hinzu.

2
Ich habe zwei Einer zusätzlich gezählt.

Die zwei Ziffern bilden zusammen eine zweistellige Zahl.

1 2
Zwölf.

Zahlen sind entweder **gerade** oder **ungerade**.

Eine Zahl ist gerade, wenn du sie in zwei gleiche Gruppen teilen kannst.

Ich habe 6 Murmeln.
Jeder von uns kann 3 haben.

Wenn du eine Zahl NICHT in zwei gleiche Gruppen teilen kannst, ist sie ungerade.

Ich habe 7 Erdbeeren.
Ich kann 4 und du kannst 3 haben.

Wenn du in Einerschritten zählst, wechseln sich ungerade und gerade Zahlen immer ab – auch bei hohen Zahlen.

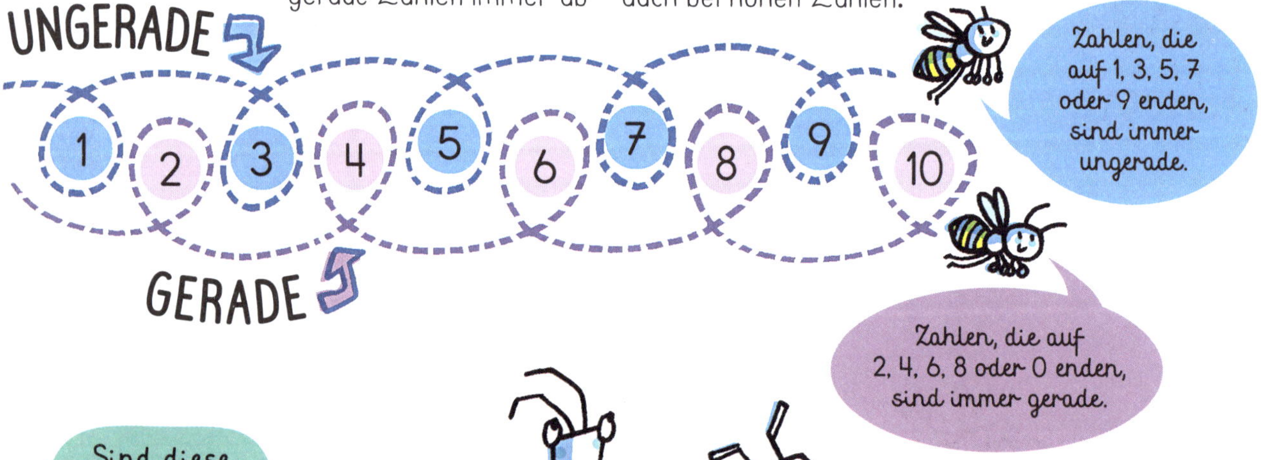
UNGERADE
1
2
3
4
5
6
7
8
9
10
GERADE
Zahlen, die auf 1, 3, 5, 7 oder 9 enden, sind immer ungerade.
Zahlen, die auf 2, 4, 6, 8 oder 0 enden, sind immer gerade.

Sind diese Zahlen gerade oder ungerade?
52
78
75

LÖSUNG: 52 und 78 sind gerade, 75 ist ungerade.

Wenn du zählst, bringst du Zahlen in eine Reihenfolge.

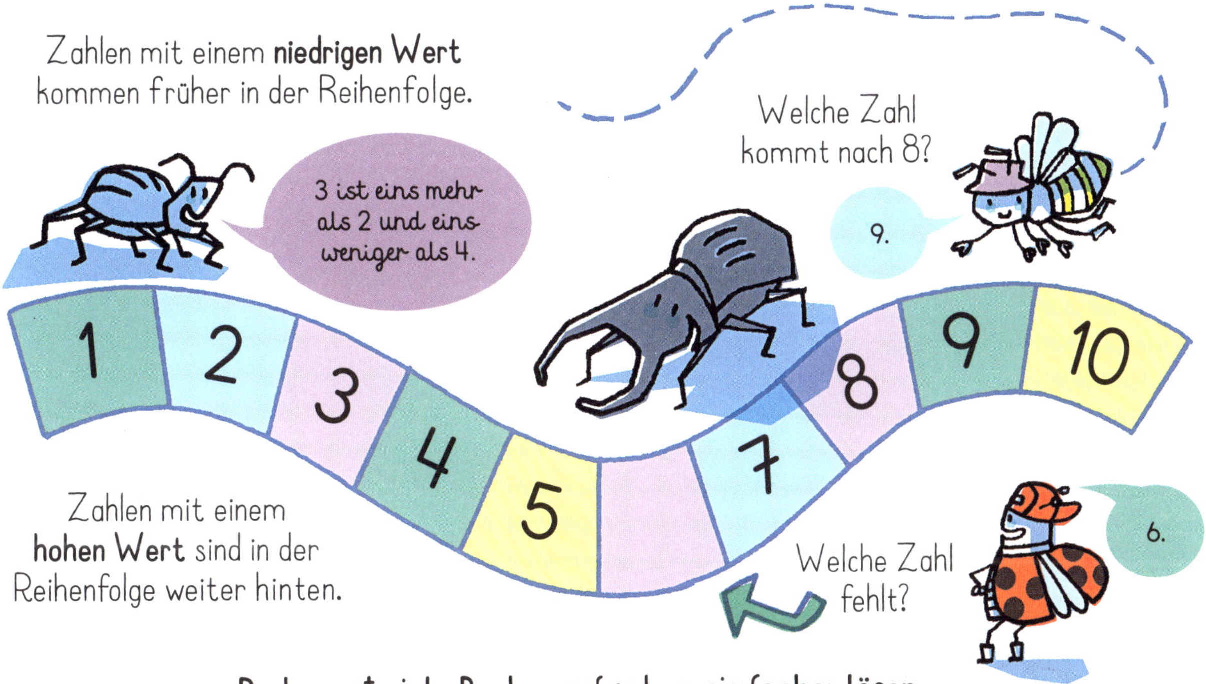
Zahlen mit einem **niedrigen Wert** kommen früher in der Reihenfolge.
3 ist eins mehr als 2 und eins weniger als 4.
Welche Zahl kommt nach 8?
9.
1 2 3 4 5 7 8 9 10
Zahlen mit einem **hohen Wert** sind in der Reihenfolge weiter hinten.
Welche Zahl fehlt?
6.

Du kannst viele Rechenaufgaben einfacher lösen, indem du Zahlen der Reihe nach auf eine Linie schreibst.

Was ist 4 **mehr** als 2?
6.
Was ist 2 **weniger** als 17?
15.
0 1 2 3 4 5 6 7 8 9 10 11 12 13 14 15 16 17 18 19 20

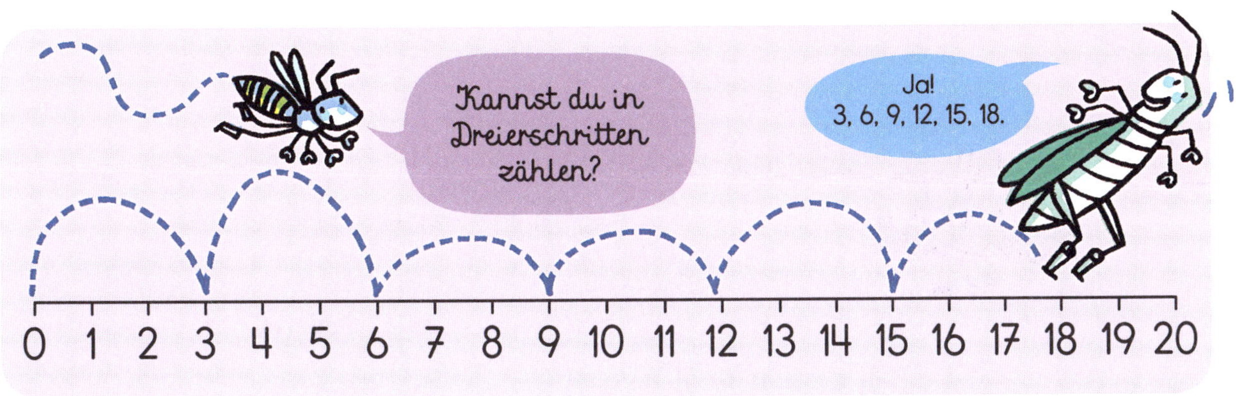
Kannst du in Dreierschritten zählen?
Ja! 3, 6, 9, 12, 15, 18.
0 1 2 3 4 5 6 7 8 9 10 11 12 13 14 15 16 17 18 19 20

Zahlen können sehr **GROSS** oder sehr klein sein.

Wie viele Haare hast du auf deinem Kopf? Ist es eine große oder eine kleine Zahl?

Es sind mehr als einhundert.
Es sind mehr als eintausend.
Sind es weniger als eine Million?

Menschen haben ungefähr 100 000 (einhunderttausend) Haare.

Welche Zahl ist die größte, die du kennst?
Eine Milliarde.
Eine Billion.
Was ist mit einer Billion und eins?
Egal, wie groß die Zahl ist, die dir einfällt, du kannst immer eins hinzufügen.

Welche Zahl ist die kleinste, die du kennst?
Eins?
Ein Viertel?
NULL!

Wenn eine **Null** alleine steht, bedeutet sie **nichts**, aber wenn sie hinter anderen Ziffern steht, macht sie die Zahl VIEL größer.

Zähle, wie viele Nullen du für jede dieser Zahlen brauchst.

0	NULL
10	ZEHN
100	HUNDERT
1 000	TAUSEND
1 000 000	MILLION
1 000 000 000	MILLIARDE
1 000 000 000 000	BILLION

Je größer eine Zahl, desto mehr Ziffern hat sie.
Es ist hilfreich, sich jede Ziffer in ihrer eigenen **Spalte** vorzustellen.

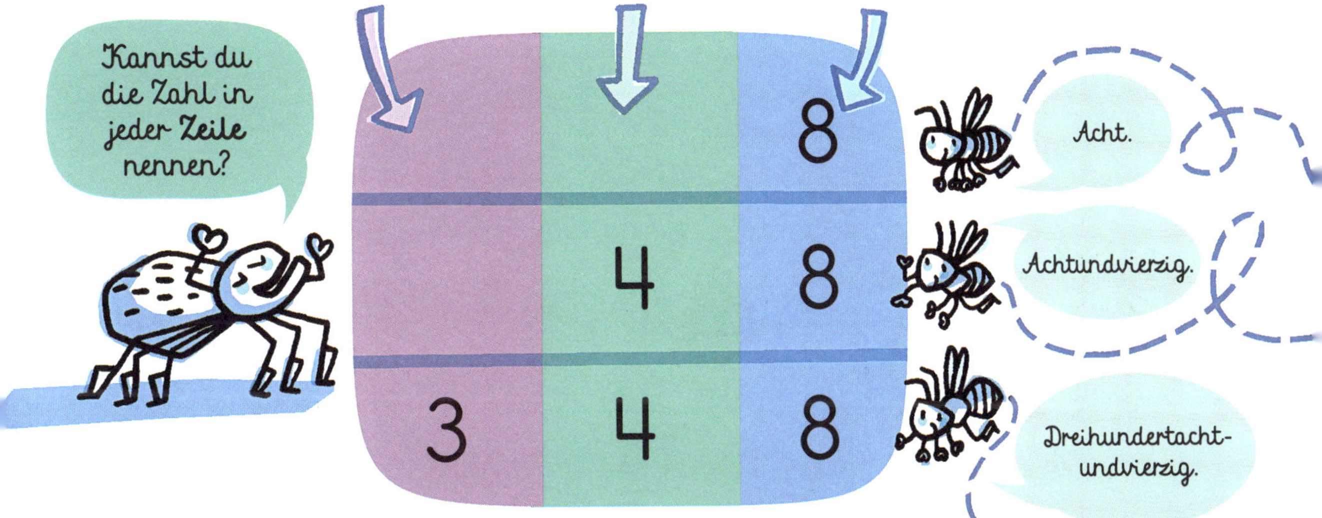
Diese Spalte ist für **Hunderter**.
Zehner stehen hier ...
... und **Einer** hier.
Kannst du die Zahl in jeder Zeile nennen?
8
4 8
3 4 8
Acht.
Achtundvierzig.
Dreihundertachtundvierzig.

Schreibe drei Ziffern auf ein separates Blatt Papier. Wie viele verschiedene Zahlen kannst du daraus machen, indem du ihre Reihenfolge änderst?

5
2
1

Sage die Zahlen laut.

Fünfhunderteinundzwanzig.
5 1 2
2 1 5
5 2 1
1 2 5
2 5 1
1 5 2

Es gibt sechs verschiedene Zahlen! Welche ist die höchste? Welche ist die niedrigste?

LÖSUNG: **521** ist die höchste und **125** die niedrigste Zahl.

Addieren und Subtrahieren

Du kannst viele Aufgaben durch das Addieren oder Subtrahieren von Zahlen lösen.

Hier ist ein Beispiel für das **Addieren.**

Zähle die **gesamte** Anzahl der Blütenblätter.

Am schnellsten geht es, wenn du von der größeren Zahl weiterzählst.

Wie viele Blütenblätter sind an diesen zwei Blumen?
Drei an dieser Blume ...
... und sieben an dieser.
Ich beginne mit sieben und zähle drei dazu. Acht ... neun ... zehn. Die Antwort ist zehn.

Hier ist ein Beispiel für das **Subtrahieren.**

Hier riecht es aber gut!
Ich habe zehn Kekse gebacken.
Ich nehme vier ...
Wie viele Kekse sind übrig?
Nur sechs.

Die Mathematik nutzt spezielle Zeichen, um Rechnungen kürzer darzustellen.

Plus
Das Plus-Zeichen steht für „addieren".
Minus
Das Minus-Zeichen steht für „subtrahieren".
Ist gleich
Das Gleichheitszeichen bedeutet, „etwas hat denselben Wert wie".

Du kannst die Blütenblattaufgabe so schreiben:

$$7 + 3 = 10$$

Sieben plus drei ist gleich zehn.

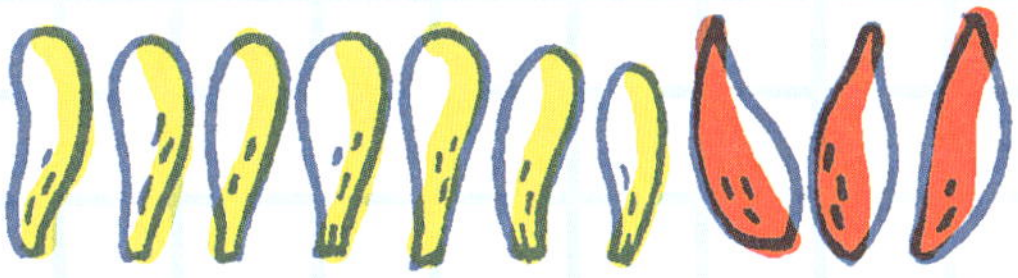

Und du kannst die Keksaufgabe so schreiben:

$$10 - 4 = 6$$

Zehn minus vier ist gleich sechs.

Wie würdest du diese Aufgaben mit den Zeichen schreiben?

A Der Käfer baut **zehn** Sandburgen.

Dann baue ich noch vier mehr.

Jetzt sind es **vierzehn** Sandburgen.

B Die Raupe hat **elf** Stifte.

Ich gebe meinem Freund drei.

Jetzt hat sie **acht** Stifte.

LÖSUNG: A. 10 + 4 = 14, B. 11 - 3 = 8

+ -

Zahlen der Reihe nach aufzuschreiben, kann das Rechnen erleichtern.

Hier siehst du, wie du mithilfe einer **Zahlenreihe** addieren und subtrahieren kannst.

5 + 3 =
Beginne bei 5 und zähle 3 **weiter**.
Die Lösung ist 8. 5 + 3 = 8
1 2 3 4 5 6 7 8 9 10
8

8 – 3 =
Beginne bei 8 und zähle 3 **zurück**.
Die Lösung ist 5. 8 – 3 = 5
5
1 2 3 4 5 6 7 8 9 10

Eine andere Methode des Subtrahierens ist, die **Differenz** zwischen zwei Zahlen zu finden.

Ich kann 7 cm weit springen.
Ich kann 9 cm weit springen.
0 1 2 3 4 5 6 7 8 9 10
2 cm.
Du kannst es auch als Addition schreiben: 7 + 2 = 9

Was ist die Differenz zwischen diesen zwei Sprüngen?

So kannst du es als Subtraktion schreiben:

9 – 7 = 2

Wenn du mit den gleichen Zahlen addierst und subtrahierst, bildest du eine Aufgabenfamilie.

Eine Aufgabenfamilie besteht aus drei Zahlen, aus denen man vier Aufgaben bilden kann.

Schau dir die Aufgabenfamilie für die Zahlen **7**, **2** und **9** an.

Es gibt zwei Additionsaufgaben …

Die größte Zahl ist die Lösung.

Die Zahlen, die du addierst, können ihre Plätze tauschen.

… und zwei Subtraktionsaufgaben.

Beim Subtrahieren beginnst du mit der größten Zahl.

Die Zahl, die du subtrahierst, und die Lösung können ihre Plätze tauschen.

Hier sind die Additionen und Subtraktionen zu einer anderen Aufgabenfamilie.

Welche Zahlen fehlen?

6 + 7 = 13

☆ + 6 = ☆

13 – 6 = ☆

☆ – ☆ = 6

Kannst du sehen, wie sich 7, 2 und 9 bei diesen Aufgaben verhalten?

Je mehr du rechnest, desto häufiger wirst du Muster erkennen.

LÖSUNGEN: 7 + 6 = 13, 13 – 6 = 7, 13 – 7 = 6

Verliebte Zahlen sind Zahlenpaare, die zusammengerechnet die gleiche Zahl ergeben. Wenn du sie kennst, ist das Rechnen einfacher.

Dies sind die verliebten Zahlen bis 10.

1 + 9

2 + 8

3 + 7

4 + 6

5 + 5

9 + 1

8 + 2

7 + 3

6 + 4

Die verliebten Zahlen auf meiner Seite sind die gleichen wie auf deiner Seite.

Auf meiner Seite stehen sie nur andersherum.

Wenn du verliebte Zahlen erkennst, kannst du mit mehr Zahlen rechnen.

2 + 8 + 5 =

Ich weiß, dass 2 + 8 = 10 ist, also muss ich nur noch ausrechnen, was 10 + 5 ist.

Die Lösung ist 15.

Auch beim Subtrahieren sind verliebte Zahlen nützlich.

10 − 9 = 1

Ich weiß, welche Zahl zusammen mit 9 die Zahl 10 ergibt.

Welche Zahlen fehlen in diesen Rechnungen?

10 − ☆ = 7

10 − ☆ = 4

LÖSUNGEN: 10 − 3 = 7, 10 − 6 = 4

Wenn du die verliebten Zahlen bis 10 kennst, sind die verliebten Zahlen bis 20 einfach.

Du nimmst die verliebten Zahlen bis 10 ...

... und fügst 10 hinzu.

1 + 9 + 10

Entweder rechnest du 10 zur ersten Zahl dazu ...

11 + 9 = 20

1 + 19 = 20

... oder zur zweiten Zahl.

Hier siehst du einige verliebte Zahlen bis 100.

10 + 90	40 + 60	70 + 30
20 + 80	50 + 50	80 + 20
30 + 70	60 + 40	90 + 10

Kommen sie dir bekannt vor?

80 + 20 erinnert mich an 8 + 2.

Kannst du in Zehnerschritten hochzählen? Und genauso runter?

Das ist eine Zehner-Zahlenreihe.

Einhundert, neunzig, achtzig, siebzig ...

+10 +10 +10 +10 ... -10 -10 -10

0	10	20	30	40	50	60	70	80	90	100
Null	Zehn	Zwanzig	Dreißig	Vierzig	Fünfzig	Sechzig	Siebzig	Achtzig	Neunzig	Einhundert

+ − Du kannst zudem einfacher rechnen, indem du Zahlen **auf- oder abrundest.**

Zehn eignet sich gut dafür, weil es einfach ist, damit zu addieren und zu subtrahieren.

Heute bin ich 7. In 10 Jahren werde ich 17 sein.

Hier ist ein Beispiel für das **Aufrunden** auf 10.

Neun ist eins **weniger** als zehn. Statt neun addiere zehn und subtrahiere eins.

$27 + 9$ ist dasselbe wie $27 + 10 - 1$

Addiere zehn. $27 + 10 = 37$

$37 - 1$ Subtrahiere eins.

$= 36$ Die Lösung ist sechsunddreißig.

Und hier ist ein Beispiel für das **Abrunden** auf 10.

Elf ist eins **mehr** als zehn. Statt elf subtrahiere zehn und dann noch mal eins.

$27 - 11$ ist dasselbe wie $27 - 10 + 1$

Ich subtrahiere erst zehn und dann eins.

$17 - 1$ $= 16$

Oh, das ist schlau!

Benutze bei diesen Aufgaben verliebte Zahlen und runde auf oder ab.

Wir sind schon 11 Minuten gefahren.
Wir werden in 10 Minuten ankommen.

Wie lange dauert die Fahrt insgesamt?

$10 + 10 = 20$
$20 + 1 = \underline{21}$

Kannst du diese Aufgaben im Kopf ausrechnen?

Meine Uroma wird in 11 Jahren 100.

Wie alt ist die Uroma jetzt?

$100 - 10 = 90$
$90 - 1 = \underline{89}$

Ich habe 29 Münzen.
Und ich habe 70 Münzen.

Wie viele Münzen haben sie zusammen?

$30 + 70 = 100$
$100 - 1 = \underline{99}$

Ich habe 28 Knöpfe und brauche 11 für meinen Mantel.

Wie viele Knöpfe hat der Käfer übrig?

$28 - 10 = 18$
$18 - 1 = \underline{17}$

Was passiert, wenn du null addierst oder subtrahierst?

$20 + 0 = 20$

$100 - 0 = 100$

Nichts!
Du addierst oder subtrahierst nichts ...
... daher bleibt die Zahl gleich.

+ -

Wenn du Zahlen addierst, ist es manchmal leichter, bis zur nächsten zehn zu rechnen und dann weiter. Du schaffst damit einen Übergang. Und so geht's:

Dieser Bus hat auf jedem Deck 10 Sitzplätze.

Die Käfer, die einsteigen, müssen zuerst das untere Deck füllen, bevor sie zum Oberdeck gehen.

2 von uns würden das Unterdeck füllen.
Dann könnten 3 von uns aufs Oberdeck gehen.

Wie viele Käfer sind insgesamt im Bus?

$8 + 5$ ist dasselbe wie $8 + 2 + 3$ und wird zu $10 + 3 = 13$

Benutze einen Zahlenstrahl, um dir den Übergang besser vorstellen zu können.

Für 8 + 5 setze die 8 an den Anfang ...

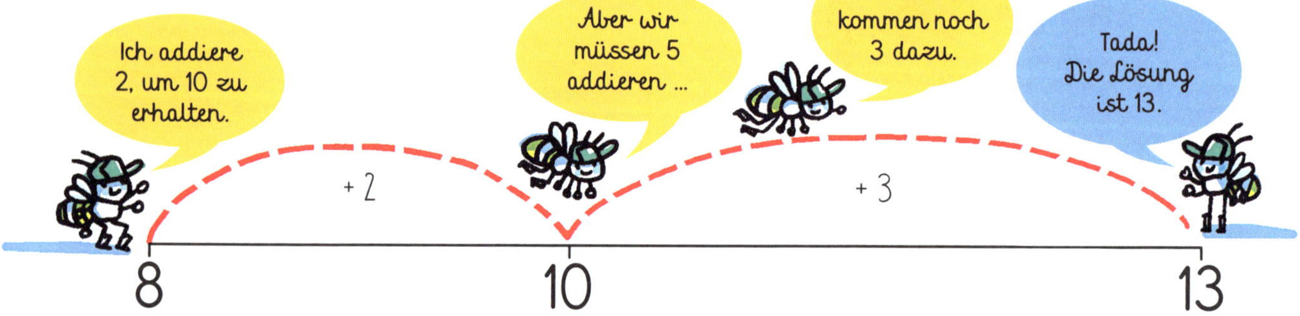

Ich addiere 2, um 10 zu erhalten.
Aber wir müssen 5 addieren ...
... deshalb kommen noch 3 dazu.
Tada! Die Lösung ist 13.
+ 2
+ 3
8
10
13

Wie kannst du mit einem Übergang 17 + 4 ausrechnen?

Addiere 3, um 20 zu erhalten.
Dann füge 1 hinzu.
Das macht 21.

Wenn du eine zweistellige Zahl addierst, teile sie in Zehner und Einer auf. Das nennt man auch Zerlegen.

Als Beispiel zerlegen wir die Zahl 23.

23

Wie viele Zehner sind in ihr enthalten?

Und wie viele Einer?

Zwei!
2
3
Drei.

Du kannst es auch so aufschreiben:

20 + 3

Mithilfe eines Zahlenstrahls addieren wir nun 23 mit einer anderen Zahl.

64 + 23 =

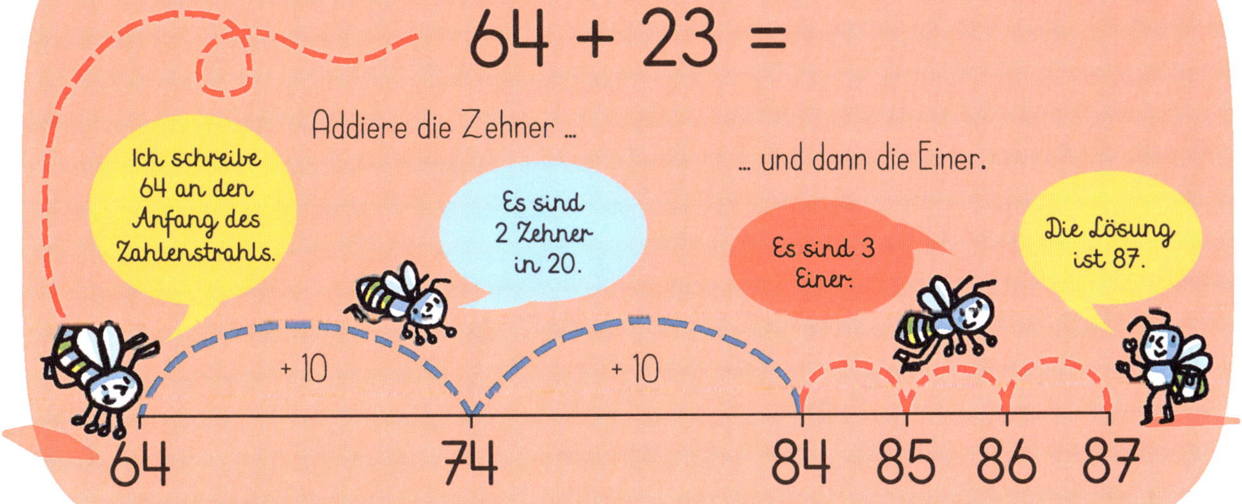
Addiere die Zehner ...
... und dann die Einer.
Ich schreibe 64 an den Anfang des Zahlenstrahls.
Es sind 2 Zehner in 20.
Es sind 3 Einer.
Die Lösung ist 87.
+ 10
+ 10
64
74
84
85
86
87

Kannst du dir einen Zahlenstrahl vorstellen und diese Aufgaben im Kopf ausrechnen?

43 + 14 = ☆ 68 + 11 = ☆

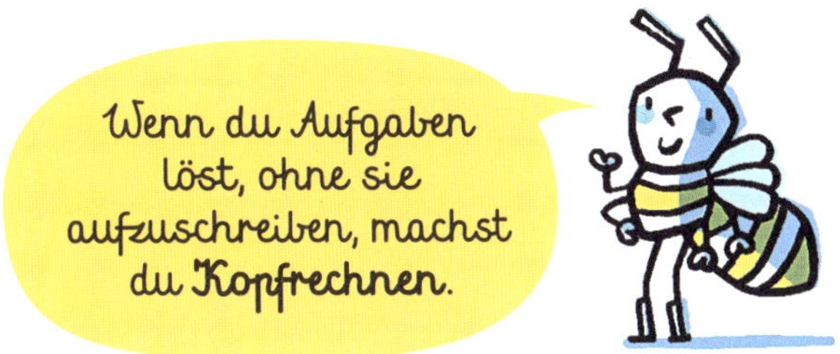
Wenn du Aufgaben löst, ohne sie aufzuschreiben, machst du Kopfrechnen.

LÖSUNGEN: 43 + 14 = 57, 68 + 11 = 79

+ - Du kannst auf einem Zahlenstrahl auch eine zweistellige Zahl subtrahieren.

$$73 - 14 =$$

Zerlege die Zahl, die du subtrahierst, zuerst in Zehner und Einer.

Einfach! Es sind 1 Zehner ...
1
4
... und 4 Einer.

Schreibe nun die größere Zahl ans Ende des Strahls und rechne zurück.

Subtrahiere die Zehner, dann die Einer.

Ich ziehe 1 Zehner ab.
Ich ziehe die 4 Einer ab.
- 10
Die Lösung ist 59.
59 60 61 62 63 73

Wenn du **beide** Zahlen zerlegst, kannst du die Zehner und Einer separat addieren.

34 wird zu 30 und 4,
12 wird zu 10 und 2.

Diese Methode heißt halbschriftliche Addition.

$$34 + 12$$

	30	4
+	10	2

$$= 40 + 6$$

Ich addiere die Zehner.

30 + 10 = 40

Ich addiere die Einer.

4 + 2 = 6

$$= 46$$

Dann addiere ich beide Lösungen.

Die **halbschriftliche Subtraktion** funktioniert ganz ähnlich.

Teile die zwei Zahlen in Zehner und Einer auf.

$$56 - 23$$

$$\begin{array}{rr} & 50 \quad 6 \\ - & 20 \quad 3 \\ \hline \end{array}$$

Subtrahiere zuerst die Einer ...

6 – 3 = 3

50 – 20 = 30

$$= 30 + 3$$

... dann die Zehner ...

... und addiere beide Lösungen.

$$= 33$$

Dieselben Additions- und Subtraktionsaufgaben können auch so geschrieben werden:

Die Zahlen müssen so untereinander stehen, dass die Zehner und Einer in den gleichen Spalten sind.

Das ist die schriftliche Methode.

ZEHNER	EINER
3	4
+ 1	2
4	6

Addiere zuerst die Einer ...

... und dann die Zehner.

ZEHNER	EINER
5	6
– 2	3
3	3

Subtrahiere zuerst die Einer ...

... und dann die Zehner.

Du kannst Zehner und Einer auch mithilfe einer **Hundertertafel** addieren und subtrahieren.

Um Zehner zu addieren, gehe ein Feld nach unten. Um Einer zu addieren, gehe ein Feld nach rechts. Um zu subtrahieren, gehe in die andere Richtung (hoch für Zehner und links für Einer).

So funktioniert es für 23 + 56.

+ 10 ↓ + 1 →

1	2	3	4	5	6	7	8	9	10
11	12	13	14	15	16	17	18	19	20
21	22	23	24	25	26	27	28	29	30
31	32	33	34	35	36	37	38	39	40
41	42	43	44	45	46	47	48	49	50
51	52	53	54	55	56	57	58	59	60
61	62	63	64	65	66	67	68	69	70
71	72	73	74	75	76	77	78	79	80
81	82	83	84	85	86	87	88	89	90
91	92	93	94	95	96	97	98	99	100

Die Lösung ist 79.

Kannst du diese Aufgaben lösen?

A

$5 + 4 =$

Achte auf verliebte Zahlen.

B

$2 + 8 =$

C

$20 - 3 =$

D

$300 - 200 =$

Welche Aufgaben kannst du im Kopf rechnen?

Es ist dasselbe wie 3 – 2, nur mit Hundertern.

E

$72 - 0 =$

F

$40 + 11 =$

Ich addiere zuerst 10.

G

$55 + 34 =$

Ich zerlege die Zahlen in Zehner und Einer.

H

$88 - 43 =$

Ich werde die Hundertertafel benutzen.

LÖSUNGEN: A. 9, B. 10, C. 17, D. 100, E. 72, F. 51, G. 89, H. 45

Multiplizieren ...

Wenn du eine Zahl multiplizierst, addierst du sie mehrere Male.

Wie viele Tierchen sitzen auf den Blättern?

Es sitzen 2 von uns auf jedem Blatt ...
... und es sind insgesamt 4 Blätter.

Du erhältst die Lösung, wenn du 4-mal die 2 addierst.

$$2 + 2 + 2 + 2 = 8$$

Du kannst die Rechnung auch als Multiplikation schreiben.

Zwei multipliziert mit vier ergibt acht.

$$2 \cdot 4 = 8$$

·
Das ist das Zeichen für „multiplizieren mit" oder „malnehmen mit".
Die Zahlen, die multipliziert werden, nennt man **Faktoren**.
Das Ergebnis heißt **Produkt**.

Wenn etwas multipliziert wird, wird es größer oder mehr.

Der Schal der Raupe ist **zweimal** so lang wie der Schal der Spinne.

Wie viele Streifen hat die Raupe gestrickt?

Ich habe nur 4 Streifen gestrickt.
Ich habe 8 gestrickt.

$$4 \cdot 2 = 8$$

Vier multipliziert mit zwei ist acht.

… und Dividieren

Wenn du eine Zahl dividierst, teilst du sie in gleiche Teile.

Durch Dividieren kann man etwas **gerecht** aufteilen.

Wie kann ich 8 Trauben zwischen 4 Freunden aufteilen?
Gib jedem von uns 2.
Dann sind sie gerecht aufgeteilt und keine bleibt übrig.

Du dividierst auch, wenn du die gleiche Zahl mehrmals **subtrahierst**.

Ich habe 8 Samen und möchte jeweils 4 in einen Topf pflanzen.

Um zu wissen, wie viele Töpfe die Biene braucht, beginne mit 8 und subtrahiere 4, bis du 0 erreichst.

$$8 - 4 - 4 = 0$$

Wenn du 2-mal 4 subtrahierst, erhältst du 0.
Das heißt, die Biene braucht 2 Töpfe.

So schreibst du beide Beispiele als Division.

Das ist das Zeichen für Dividieren.

Acht dividiert durch vier ist zwei.

$$8 : 4 = 2$$

Du kannst auch sagen „8 geteilt durch 4 ist 2".

Du kannst die Reihenfolge der Zahlen in einer Multiplikationsaufgabe tauschen. Du erhältst trotzdem immer das gleiche Ergebnis.

Wie viele Törtchen sind das insgesamt?

Es sind 3 in einer Spalte und es gibt 4 Spalten.
3 · 4 = 12
Es sind 4 in einer Reihe und es gibt 3 Reihen.
4 · 3 = 12
1
2
3
1
2
3
4
So oder so sind es 12.

Bei einer Division kannst du die Reihenfolge der Zahlen nicht tauschen. Aber du kannst die Zahl, mit der du dividierst, mit dem Ergebnis tauschen.

Verteile 12 Törtchen so, dass 3 auf einem Teller sind. Wie viele Teller brauchst du?

12 : 3 = 4

Vier.

Verteile 12 Törtchen auf 4 Tellern. Wie viele Törtchen sind auf jedem Teller?

12 : 4 = 3

Drei.

Alle Aufgaben auf dieser Seite verwenden dieselben drei Zahlen.

3
4
12

Zusammen bilden sie eine Aufgabenfamilie.

3 · 4 = 12

12 : 4 = 3

4 · 3 = 12

12 : 3 = 4

Dividieren ist das Gegenteil von Multiplizieren.

Wenn 6 Blätter zwischen 3 Raupen aufgeteilt werden, erhält jede 2.

6 : 3 = 2

3 Raupen mit jeweils 2 Blättern ergibt insgesamt 6 Blätter.

3 · 2 = 6

Wenn du eine Zahl mit eins multiplizierst oder durch eins dividierst, bleibt sie gleich.

Ich habe eine Viererpackung Pfirsiche gekauft. Wie viele habe ich?
Vier.
4 · 1 = 4

Wenn ich meine 10 Süßigkeiten nur mit mir selbst teile, dann kann ich ALLE essen!
10 : 1 = 10
Aber dir wird schlecht werden.
Und wir wären traurig.

Wenn du eine Zahl mit null multiplizierst, erhältst du immer null.

In einer Schachtel sind 6 Eier.
Wie viele Eier sind in null Schachteln?
Keine!
EIERSCHACHTEL
AUSVERKAUFT
6 · 0 = 0

Versuche nicht, eine Zahl durch null zu dividieren – es ist unmöglich!

Es ist niemand hier, um die Kokosnüsse zu teilen. Sie können also nicht geteilt werden.

Du kannst mithilfe eines Zahlenstrahls Multiplikationsaufgaben lösen.

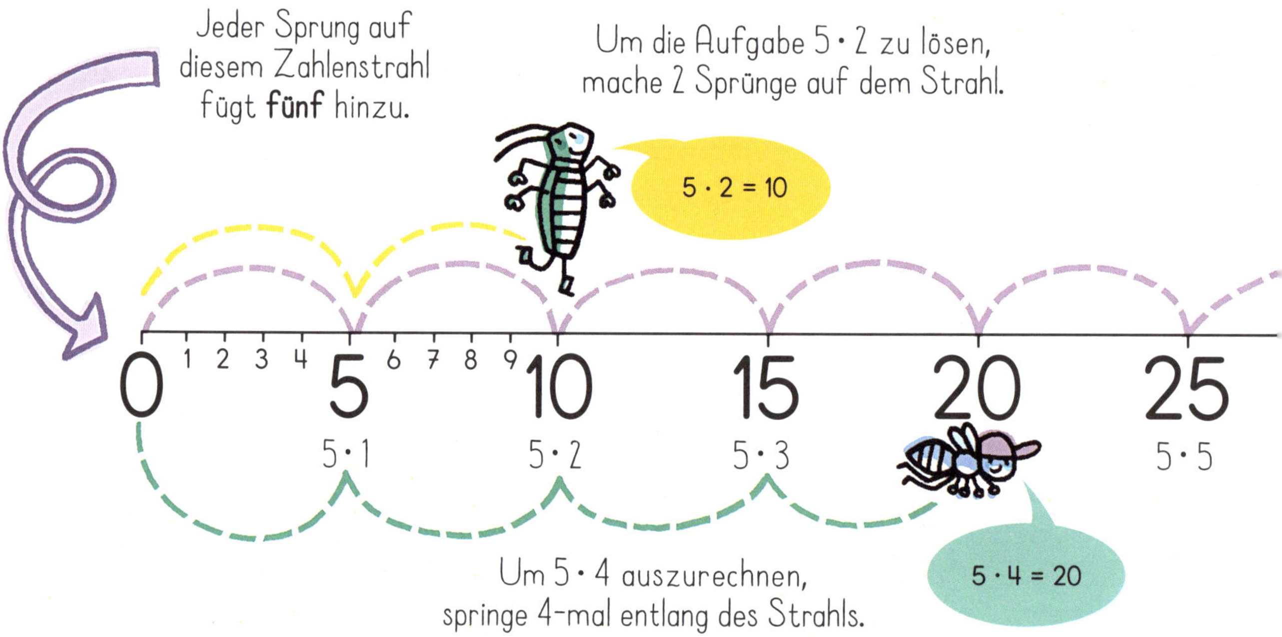

Jeder Sprung auf diesem Zahlenstrahl fügt **fünf** hinzu.
Um die Aufgabe 5 · 2 zu lösen, mache 2 Sprünge auf dem Strahl.
5 · 2 = 10
0 1 2 3 4 5 6 7 8 9 10 15 20 25
5 · 1
5 · 2
5 · 3
5 · 5
5 · 4 = 20
Um 5 · 4 auszurechnen, springe 4-mal entlang des Strahls.

Löse diese Aufgabe mithilfe des Zahlenstrahls.

Ich futtere jeden Tag 5 Portionen Obst und Gemüse.
Mo Di Mi Do Fr Sa So
SEPTEMBER
Eine Woche hat 7 Tage.
5 mal 7 ist 35.
5 · 7 = 35

Wie viele Portionen Obst und Gemüse futtert die Raupe in einer Woche?

Löse diese Aufgaben:

A 5 · 10 = ☆

B 5 · 5 = ☆

Du kannst diesen Zahlenstrahl auch zum Dividieren benutzen.

Um zum Beispiel 35 : 5 auszurechnen, musst du herausfinden, wie oft 5 in 35 vorkommt.

Das schaffst du, wenn du weißt, wie viele Fünfersprünge es bis 35 sind.

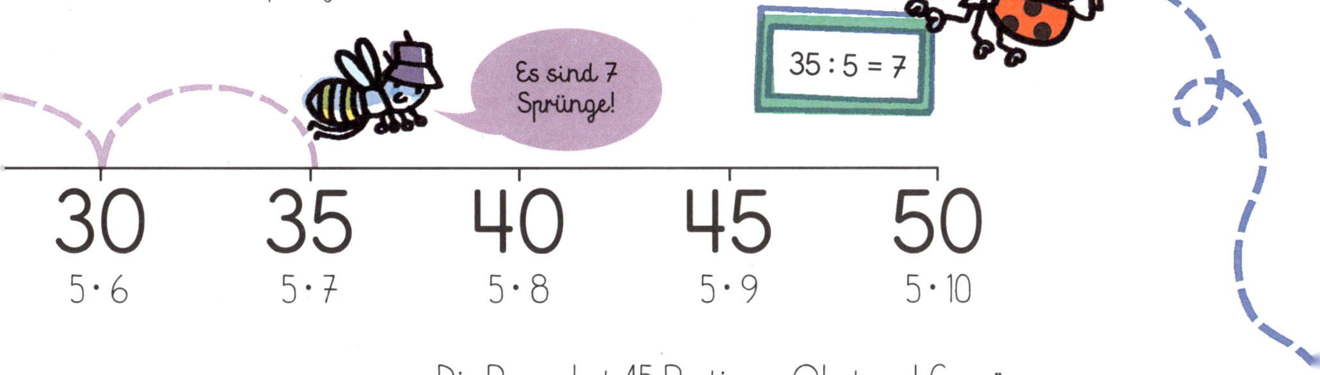
Es sind 7 Sprünge!
35 : 5 = 7
30
5 · 6
35
5 · 7
40
5 · 8
45
5 · 9
50
5 · 10

Die Raupe hat 45 Portionen Obst und Gemüse. Für wie viele Tage reicht das, wenn sie jeden Tag 5 frisst?

Schau auf den Zahlenstrahl.
45 ist 5 · 9.
Es wird für 9 Tage reichen.

So würdest du es als Division schreiben:

45 : 5 = 9

C 15 : 5 = ☆ **D** 30 : 5 = ☆

LÖSUNGEN: A. 50, B. 25, C. 3, D. 6

Wenn du eine Zahl mit zwei multiplizierst, verdoppelst du ihren Wert.

In einer Packung sind 6 Samen.

Wie viele Samen sind in zwei Packungen?

6 · 2 = 12
Die doppelte Anzahl.
Zweimal so viele.

Wenn du eine Zahl durch zwei dividierst, halbierst du ihren Wert.

Wir brauchen für das Rezept 4 Eier.

Wir machen aber nur die halbe Menge. Wie viele Eier brauchen wir?

· 4
4 : 2 = 2
Die Hälfte von 4.
Halbieren ist das Gegenteil von Verdoppeln.

Hier einige Fakten zum Verdoppeln und Halbieren von geraden und ungeraden Zahlen:

Alle geraden Zahlen können halbiert werden.

Das heißt, du kannst alle geraden Zahlen durch 2 teilen.

Du kannst eine ungerade Zahl nicht teilen ...

... es sei denn, du schneidest etwas in zwei Hälften.

Wenn du eine ungerade Zahl verdoppelst ...

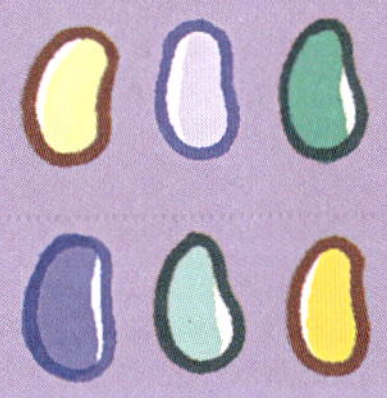

... erhältst du immer eine gerade Zahl.

Eine **Einmaleins-Tafel** (oder Multiplikationstabelle) ist eine Liste der Multiplikationen für dieselbe Zahl.

Hier siehst du die Einmaleins-Tafel für 2.

Du kannst die Faktoren auch andersherum schreiben.

$3 \cdot 2 = 6$

$4 \cdot 2 = 8$

FAKTOREN — PRODUKT

$2 \cdot 1 = 2$

$2 \cdot 2 = 4$

$2 \cdot 3 = 6$

$2 \cdot 4 = 8$

$2 \cdot 5 = 10$

$2 \cdot 6 = 12$

$2 \cdot 7 = 14$

$2 \cdot 8 = 16$

$2 \cdot 9 = 18$

$2 \cdot 10 = 20$

$2 \cdot 11 = 22$

$2 \cdot 12 = 24$

Die Produktzahlen erhöhen sich jeweils um 2.

Die Einmaleins-Tafel von 2 wird auch 2er-Reihe genannt.

Die Einmaleins-Tafeln helfen beim Multiplizieren UND Dividieren.

Was ist 18 geteilt durch 2?

Schau, womit du 2 multiplizieren musst, um 18 zu erhalten.

Die Lösung ist 9.

Es gibt verschiedene Sätze, die du laut aufsagen kannst, um die 2-er Reihe zu lernen.

Einmal zwei ist zwei, zweimal zwei ist vier ...

Oder einfach ...

Zwei, vier, sechs, acht ...

Die Einmaleins-Tafeln auswendig zu kennen, erleichtert häufig das Rechnen.

Wie viele Reifen sind an 9 Fahrrädern?

Wie viele Sockenpaare bekommst du aus 22 einzelnen Socken?

LÖSUNGEN: 18 Reifen, 11 Sockenpaare

Schau dir nun die Einmaleins-Tafel für die Zahl 5 an.

Kannst du ein Muster erkennen?

· 5
5 · 1 = 5
5 · 2 = 10
5 · 3 = 15
5 · 4 = 20
5 · 5 = 25
5 · 6 = 30
5 · 7 = 35
5 · 8 = 40
5 · 9 = 45
5 · 10 = 50
5 · 11 = 55
5 · 12 = 60

+ 5

− 5

Die Produkte enden auf 5, dann 0, dann 5, dann 0 …

Jedes Produkt ist um 5 größer als das Produkt davor …

… und um 5 kleiner als das Produkt danach.

Hier siehst du eine sogenannte Hand Bananen. Wenn an einer Hand 5 Bananen sind, wie viele Bananen sind an 6 Händen?

Zähle in Fünferschritten mit deinen Fingern.

Es sind 30 Bananen.

Auf der nächsten Doppelseite findest du alle Einmaleins-Tafeln von 1 bis 12.

Das Ziffernblatt einer Uhr ist in 12 Abschnitte von je 5 Minuten eingeteilt.

Was ist 5 · 12? Ich werde in der 5er-Reihe nachschauen.

5 · 12 = 60

Ich zähle in Fünferschritten.

A Wie weit wird die Biene gezählt haben, wenn sie bei der 7 ankommt?

B Wo ist die Biene auf der Uhr, wenn sie bis 50 gezählt hat?

Auf Seite 59 lernst du, die Uhrzeit zu lesen.

LÖSUNGEN: A. 35, B. auf der 10

Die 10er-Reihe kannst du dir ganz einfach merken.

· 10				
10	·	1	=	10
10	·	2	=	20
10	·	3	=	30
10	·	4	=	40
10	·	5	=	50
10	·	6	=	60
10	·	7	=	70
10	·	8	=	80
10	·	9	=	90
10	·	10	=	100
10	·	11	=	110
10	·	12	=	120

Um eine Zahl mit 10 malzunehmen, schreibe einfach eine Null dahinter.

Schauen wir uns das mal genauer an.

Wenn du eine einstellige Zahl mit 10 multiplizierst, rückt sie in die Zehnerspalte und du schreibst eine 0 in die Einerspalte.

	ZEHNER	EINER
	1	0
·		4
=	4	0

Was passiert, wenn du eine zweistellige Zahl mit 10 multiplizierst?

	HUNDERTER	ZEHNER	EINER
		1	0
·		1	2
=	1	2	0

Die Zahl in der Zehnerspalte rückt in die Hunderterspalte.
Die Zahl in der Einerspalte rückt in die Zehnerspalte.

Und eine Null kommt in die Einerspalte.

Wenn jede Spielmarke 10 Punkte wert ist, wie viele Punkte hat dann der Marienkäfer?

10 · 7 = 70

In einer Packung sind 10 Aufkleber.

Ich möchte 30 Aufkleber haben. Wie viele Packungen brauche ich?
10 · ? = 30
30 : 10 – 3
Du brauchst 3 Packungen.

Auf einem Lineal ist jeder Zentimeter in 10 Millimeter unterteilt.

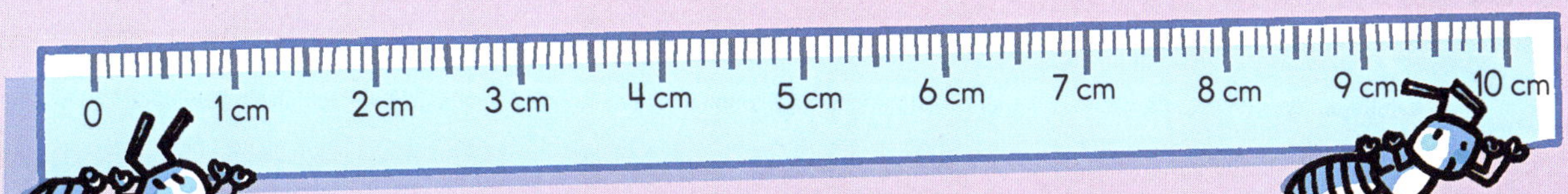

0
1 cm
2 cm
3 cm
4 cm
5 cm
6 cm
7 cm
8 cm
9 cm
10 cm

Wie viele Millimeter sind in 10 Zentimetern?

LÖSUNG: 10 · 10 = 100

Hier siehst du alle Einmaleins-Tafeln von 1 bis 12.

Versuche, sie auswendig zu lernen.

· 1
1 · 1 = 1
1 · 2 = 2
1 · 3 = 3
1 · 4 = 4
1 · 5 = 5
1 · 6 = 6
1 · 7 = 7
1 · 8 = 8
1 · 9 = 9
1 · 10 = 10
1 · 11 = 11
1 · 12 = 12

· 2
2 · 1 = 2
2 · 2 = 4
2 · 3 = 6
2 · 4 = 8
2 · 5 = 10
2 · 6 = 12
2 · 7 = 14
2 · 8 = 16
2 · 9 = 18
2 · 10 = 20
2 · 11 = 22
2 · 12 = 24

· 3
3 · 1 = 3
3 · 2 = 6
3 · 3 = 9
3 · 4 = 12
3 · 5 = 15
3 · 6 = 18
3 · 7 = 21
3 · 8 = 24
3 · 9 = 27
3 · 10 = 30
3 · 11 = 33
3 · 12 = 36

Die 4er-Reihe ist das Doppelte der 2er-Reihe.

Die 6er-Reihe ist das Doppelte der 3er-Reihe.

· 4
4 · 1 = 4
4 · 2 = 8
4 · 3 = 12
4 · 4 = 16
4 · 5 = 20
4 · 6 = 24
4 · 7 = 28
4 · 8 = 32
4 · 9 = 36
4 · 10 = 40
4 · 11 = 44
4 · 12 = 48

· 5
5 · 1 = 5
5 · 2 = 10
5 · 3 = 15
5 · 4 = 20
5 · 5 = 25
5 · 6 = 30
5 · 7 = 35
5 · 8 = 40
5 · 9 = 45
5 · 10 = 50
5 · 11 = 55
5 · 12 = 60

· 6
6 · 1 = 6
6 · 2 = 12
6 · 3 = 18
6 · 4 = 24
6 · 5 = 30
6 · 6 = 36
6 · 7 = 42
6 · 8 = 48
6 · 9 = 54
6 · 10 = 60
6 · 11 = 66
6 · 12 = 72

Wenn du die Einmaleins-Tafeln kennst, werden dir viele Rechenaufgaben leichter fallen.

Die 8er-Reihe ist das Doppelte der 4er-Reihe.

Fällt dir etwas an der 9er-Reihe auf?

· 7
7 · 1 = 7
7 · 2 = 14
7 · 3 = 21
7 · 4 = 28
7 · 5 = 35
7 · 6 = 42
7 · 7 = 49
7 · 8 = 56
7 · 9 = 63
7 · 10 = 70
7 · 11 = 77
7 · 12 = 84

· 8
8 · 1 = 8
8 · 2 = 16
8 · 3 = 24
8 · 4 = 32
8 · 5 = 40
8 · 6 = 48
8 · 7 = 56
8 · 8 = 64
8 · 9 = 72
8 · 10 = 80
8 · 11 = 88
8 · 12 = 96

· 9
9 · 1 = 9
9 · 2 = 18
9 · 3 = 27
9 · 4 = 36
9 · 5 = 45
9 · 6 = 54
9 · 7 = 63
9 · 8 = 72
9 · 9 = 81
9 · 10 = 90
9 · 11 = 99
9 · 12 = 108

Die 10er-Reihe ist das Doppelte der 5er-Reihe.

Fällt dir etwas an der 11er-Reihe auf?

Die 12er-Reihe ist das Doppelte der 6er-Reihe.

· 10
10 · 1 = 10
10 · 2 = 20
10 · 3 = 30
10 · 4 = 40
10 · 5 = 50
10 · 6 = 60
10 · 7 = 70
10 · 8 = 80
10 · 9 = 90
10 · 10 = 100
10 · 11 = 110
10 · 12 = 120

· 11
11 · 1 = 11
11 · 2 = 22
11 · 3 = 33
11 · 4 = 44
11 · 5 = 55
11 · 6 = 66
11 · 7 = 77
11 · 8 = 88
11 · 9 = 99
11 · 10 = 110
11 · 11 = 121
11 · 12 = 132

· 12
12 · 1 = 12
12 · 2 = 24
12 · 3 = 36
12 · 4 = 48
12 · 5 = 60
12 · 6 = 72
12 · 7 = 84
12 · 8 = 96
12 · 9 = 108
12 · 10 = 120
12 · 11 = 132
12 · 12 = 144

Alle Einmaleins-Tafeln bis 12 können in einer Multiplikations-Tabelle angeordnet werden.

Wähle einen Faktor in der obersten Zeile und einen Faktor in der Spalte ganz links aus.

Ich nehme 7.

Gehe die Spalte nach unten und entlang der Zeile nach rechts. Dort, wo sich die zwei treffen, findest du das Produkt!

Und ich nehme 8.

•	1	2	3	4	5	6	7	8	9	10	11	12
1	1	2	3	4	5	6	7	8	9	10	11	12
2	2	4	6	8	10	12	14	16	18	20	22	24
3	3	6	9	12	15	18	21	24	27	30	33	36
4	4	8	12	16	20	24	28	32	36	40	44	48
5	5	10	15	20	25	30	35	40	45	50	55	60
6	6	12	18	24	30	36	42	48	54	60	66	72
7	7	14	21	28	35	42	49	56	63	70	77	84
8	8	16	24	32	40	48	56	64	72	80	88	96
9	9	18	27	36	45	54	63	72	81	90	99	108
10	10	20	30	40	50	60	70	80	90	100	110	120
11	11	22	33	44	55	66	77	88	99	110	121	132
12	12	24	36	48	60	72	84	96	108	120	132	144

Sie treffen sich bei 56.
7 · 8 = 56

Du kannst in der Multiplikations-Tabelle auch Divisionen nachschauen.

63 : 9 = ☆

Gehe die 9er-Spalte nach unten bis zur 63.

Dann gehe nach links bis zum Ende der Zeile, dort steht die Lösung.

Es ist 7.

Versuche, diese Multiplikations- und Divisionsaufgaben zu lösen.

A

$6 \cdot ☆ = 54$

B

$132 : 11 = ☆$

C

$☆ : 4 = 9$

D

In eine Muffinform passen 12 Muffins.

Ich brauche 144 Muffins. Wie viele Formen muss ich backen?

Magst du Herausforderungen? Hier sind zwei schwierigere Aufgaben!

E

Wenn man drei Orangen kauft, bekommt man eine umsonst. Die Schnecke will 12.

Wie viele muss ich bezahlen?

F

An welche Zahl denkt der Käfer?

Sie liegt zwischen 20 und 25. Sie ist ungerade und du kannst sie durch 3 teilen.

LÖSUNGEN: A. 6 · 9 = 54, B. 132 : 11 = 12, C. 36 : 4 = 9, D. 12 Formen, E. 9 Orangen, F. 21

Brüche

Ein Bruch beschreibt einen Teil von etwas.
Du erhältst Brüche, indem du ein Ganzes in gleiche Teile teilst.

Wenn du etwas in **zwei** gleiche Teile teilst, ist jeder Teil eine **Hälfte.**

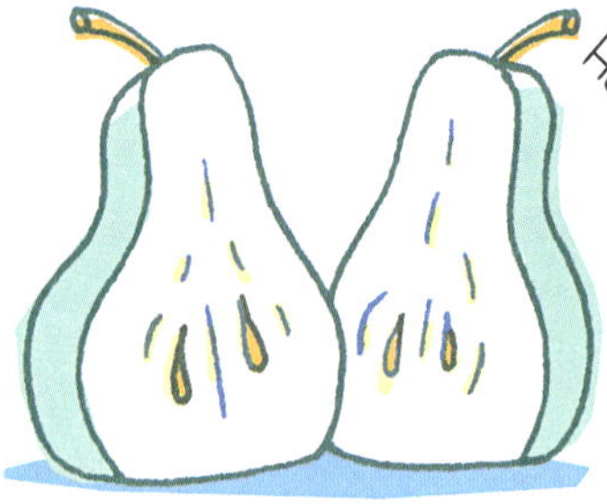
Hälfte

Wenn du etwas in **drei** gleiche Teile teilst, ist jeder Teil ein **Drittel.**

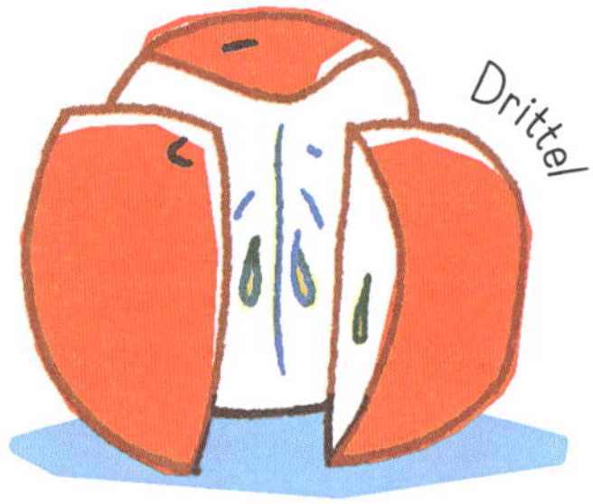
Drittel

Und wenn du etwas in **vier** gleiche Teile teilst, ist jeder Teil ein **Viertel.**

Viertel

Du kannst eine Form ...

Ein Viertel eines Kreises.

... eine Länge ...

Meine Flügel sind halb so lang wie deine.

... oder eine Gruppe in einen Bruch aufteilen.

Ein Drittel von uns ist im Boot.

Welche Brüche kannst du hier sehen?

Ein Viertel.
START
Eine Hälfte.
Ein Drittel.

Du kannst Brüche auch mit Zahlen darstellen.

So stellst du eine Hälfte dar.
Die untere Zahl gibt an, in wie viele Teile du etwas geteilt hast.
1/2
Die obere Zahl gibt an, wie viele Teile du von etwas hast.
So schreibst du ein Drittel.
1/3
Ich habe einen von zwei gleichen Teilen.
Und ich habe den anderen Teil.
So schreibst du ein Viertel.
1/4

Welcher Bruchteil ist in den Formen jeweils ausgemalt?

1/3
Ein Drittel.
1/4
Ein Viertel.
1/2
Eine Hälfte.

Welche Gurke wurde in zwei Hälften geschnitten?

Diese!
Diese kann es nicht sein.
Die zwei Teile sind nicht gleich lang.

Um den Bruch einer **Zahl** zu erhalten, teile sie in kleinere gleiche Zahlen.

Um die Hälfte einer Zahl zu erhalten, teile sie in zwei gleiche Teile.

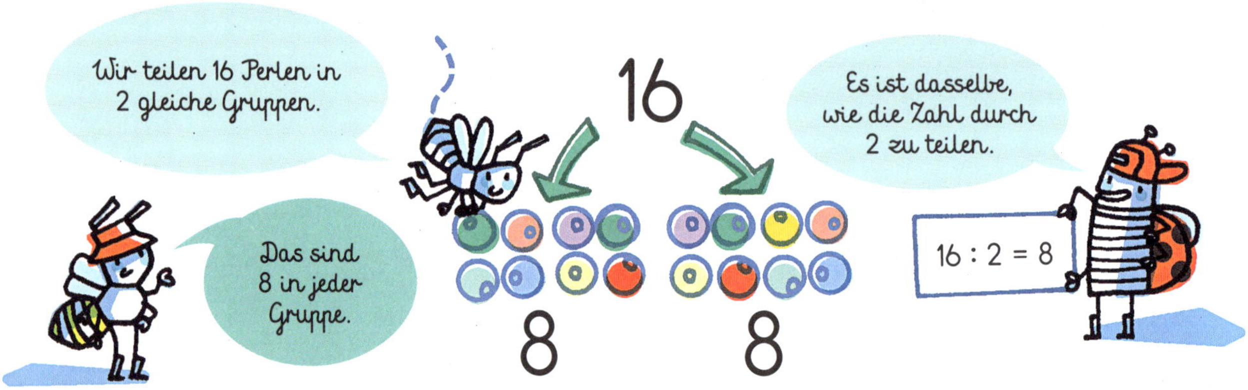

Wir teilen 16 Perlen in 2 gleiche Gruppen.
16
Das sind 8 in jeder Gruppe.
8
8
Es ist dasselbe, wie die Zahl durch 2 zu teilen.
16 : 2 = 8

Um ein Viertel einer Zahl zu erhalten, teile sie in vier gleiche Teile.

Oder du teilst sie in zwei Hälften und dann jede Hälfte noch mal in zwei Hälften.

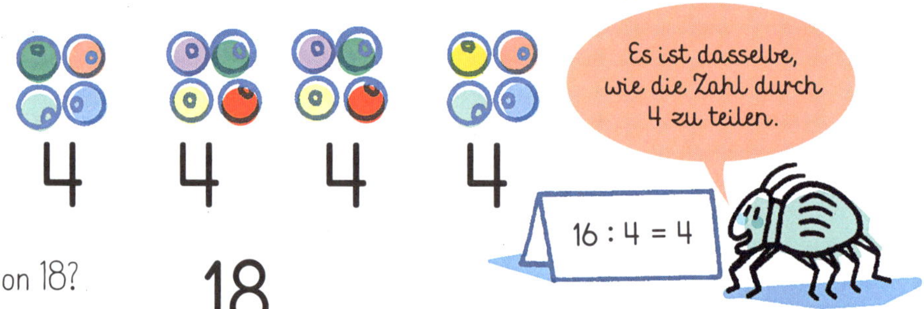

4
4
4
4
Es ist dasselbe, wie die Zahl durch 4 zu teilen.
16 : 4 = 4

Was ist $\frac{1}{3}$ von 18?

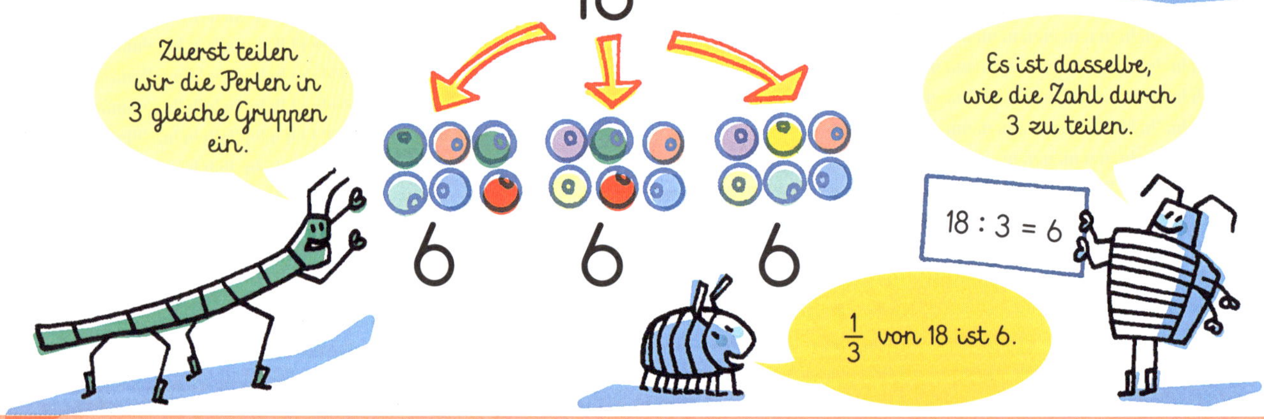

Zuerst teilen wir die Perlen in 3 gleiche Gruppen ein.
6
6
6
Es ist dasselbe, wie die Zahl durch 3 zu teilen.
18 : 3 = 6
$\frac{1}{3}$ von 18 ist 6.

Kannst du diese Bruchaufgaben lösen?

A $\frac{1}{2}$ von 30 = ☆

B 40 Stück Popcorn sind in einer Tüte.

Ich habe ein Viertel davon gegessen.
POPCORN

Wie viele Stücke hat die Schnecke übrig?

Du kannst von einem Ganzen mehr als einen Teil oder Bruch bilden.

Dieser Kuchen ist in 3 gleich große Stücke geteilt ...
... und ich habe 2 davon!

Die Biene hat **zwei Drittel** vom Kuchen. So schreibst du es auf: $\frac{2}{3}$

Zwei Viertel dieser Fahne sind ausgemalt. Wie schreibt man das mit Zahlen?

$\frac{2}{4}$
Die 2 steht oben ...
... und eine 4 für Viertel steht unten.
Es ist dasselbe wie eine Hälfte!
$\frac{2}{4} = \frac{1}{2}$

Wie viel von der Wand hat der Käfer gestrichen?

Drei Viertel.
$\frac{3}{4}$

C Wie viel vom ganzen Kuchen haben die Käfer gefuttert?

D Die Schnecke legt $\frac{2}{3}$ ihrer Karten ab.

Ich habe noch 2 Karten übrig.

Wie viele hatte sie zu Beginn?

LÖSUNGEN: A. 15, B. 30, C. $\frac{3}{4}$, D. 6

Maße

Man misst Dinge, um ihre Größe oder Menge herauszufinden.

Hier siehst du einige Dinge, die du messen kannst.

LÄNGE

Wie lang sind die Ärmel?

HÖHE

Wie groß bin ich?

Länge, Höhe und Breite messen einen **Abstand**.

BREITE

Wie breit ist die Tür?
Passt der Tisch durch?

TEMPERATUR

Wie warm ist es heute?

FASSUNGSVERMÖGEN

Das Fassungsvermögen misst, wie viel **Platz** es für etwas **in** einem Gefäß gibt.

Wie viel Wasser passt in diesen Krug?

VOLUMEN

Das Volumen misst den Raum, den ein Gegenstand ausfüllt.

Aus wie vielen Blöcken besteht dieser Würfel?

UMFANG

Der Umfang ist die **Länge der Linie,** die etwas **begrenzt.**

Wie viele Klötze brauche ich, um einen Zaun zu bauen?

FLÄCHENINHALT

Der Flächeninhalt ist die **Größe eines eingegrenzten Bereiches.**

Wie viele Brownie-Stücke sind in dieser Form?

MASSE und GEWICHT

Masse und Gewicht messen, wie **schwer** etwas ist.

Die Masse misst **die Menge,** aus der etwas besteht.

Das Gewicht misst die **Kraft,** die etwas nach unten zieht.

Wie schwer ist dieses Paket?

Im Weltall ist die Erdanziehung geringer. Die **Masse** des Pakets bleibt gleich ...
... aber sein **Gewicht** ist viel geringer.

ZEIT

Wie viel Uhr ist es?
Wann beginnen die Ferien?
Wie lange hat es gedauert?
0:58
AUGUST

Du kannst etwas messen, indem du es mit etwas anderem vergleichst.

An dieser Schnur habe ich markiert, wie hoch das Regal sein muss.
Das Kätzchen ist so schwer wie eine Packung Zucker.
Ich brauche einen Blumentopf, der so breit ist wie ich.

Um die Höhe oder Größe von etwas zu vergleichen, muss alles auf der gleichen Ebene sein.

Ich bin am **größten**.
Ich bin **kleiner** als der Grashüpfer, aber **größer** als die Biene.
Ich bin am **kleinsten**. Der Grashüpfer ist **doppelt** so groß wie ich.

Um die Längen von etwas zu vergleichen, müssen alle Enden auf einer Linie liegen.

Ich bin am **kürzesten**, nur etwa **halb so lang** wie die Raupe.
Ich bin **länger** als der Käfer, aber **kürzer** als der Wurm.
Ich bin am **längsten**.

Du kannst etwas auch mithilfe von Maßeinheiten messen.

Du kannst viele Dinge als Maßeinheit benutzen.

Im Rezept steht, dass wir eine Tasse Wasser brauchen.

Aber wenn zwei Personen unterschiedliche Einheiten benutzen, kann das zu Problemen führen.

Oh nein, ich habe die falsche Tasse benutzt!

Um ein Durcheinander zu vermeiden, verwendet man **Standardeinheiten.** Sie sind auf der ganzen Welt gleich.

BEISPIELE FÜR STANDARDEINHEITEN

- **Zentimeter** (cm), um Länge zu messen
- **Gramm** (g), um Masse zu messen
- **Milliliter** (ml), um Fassungsvermögen zu messen

Um in Standardeinheiten zu messen, benutzt man verschiedene Geräte oder Utensilien.

Die Geräte haben Markierungen und Zahlen, sogenannte **Skalen.**

Jede Skala beginnt bei null und zählt dann in Standardeinheiten weiter.

Dieses Maßband misst in Zentimetern.
0 cm
1
2

Diese Waage misst in Gramm.
Dieser Messbecher misst in Millilitern.
500 ml
400
300
200
100
0
0 g
10
20
30
40
50
60
70
80
90
100
110

0 cm
1
2
3
4
5
6
7
8
9
10
11
12
13
14
15
16
17
18
19
20

Um die Länge, Höhe oder Breite eines Gegenstandes zu ermitteln, misst du den Abstand zwischen zwei Seiten.

So misst du eine Schachtel aus.

Ich messe die Breite.
Wir messen die Länge.
Ich messe die Höhe.

Richte dein Lineal jeweils an einer Seite der Schachtel aus. Die Null sollte genau am Rand liegen.

Lies die Zahl ab, die das Lineal auf der anderen Seite der Schachtel erreicht.

Benutze das Lineal auf der linken Seite, um einige Dinge in deiner Umgebung zu messen.

Wenn etwas, das du messen willst, nicht genau an den Zahlen oder Linien anliegt, wähle die am nächsten liegenden.

Die Zahlen geben die Länge in Zentimetern an.
Die kleinen Linien zeigen Millimeter an.
In einem Zentimeter sind 10 Millimeter.

Beginne beim Messen immer bei der Null.

Wie lang ist dein längster Finger in Zentimetern?

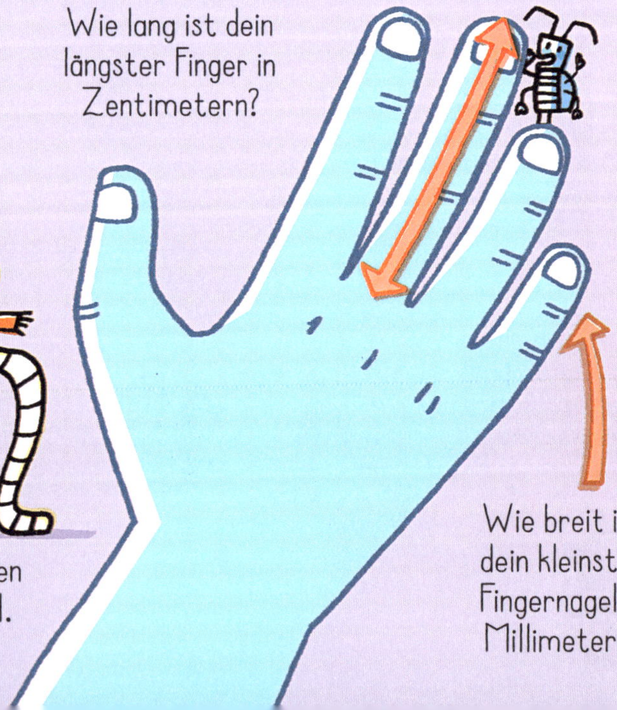

Wie breit ist dein kleinster Fingernagel in Millimetern?

Man kann sehr kurze Abstände, aber auch sehr lange messen, wie etwa ...

... die Länge eines Blattes.

... die Höhe eines Gebäudes.

... die Entfernung zum Mond.

Mit **Millimetern** (mm) misst man winzige Dinge.

Mit **Zentimetern** (cm) misst man kleine Dinge.

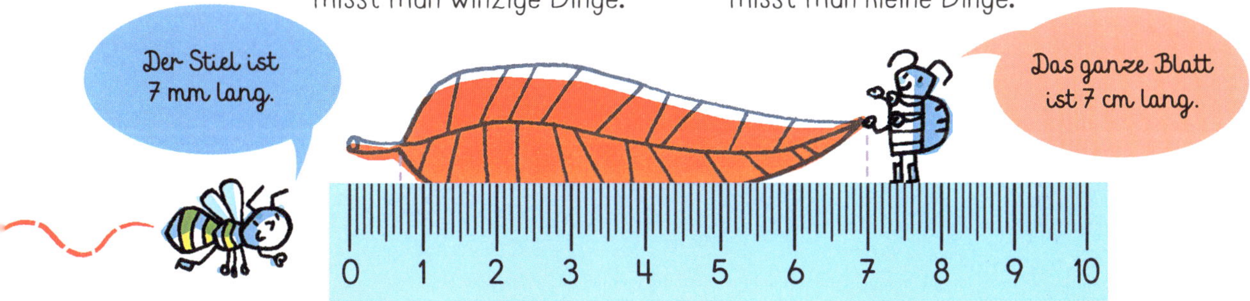
Der Stiel ist 7 mm lang.
Das ganze Blatt ist 7 cm lang.
0 1 2 3 4 5 6 7 8 9 10

Längere Abstände misst man in **Metern** (m).

In einem Meter sind 100 Zentimeter.
Hüte & mehr
9 m

Sehr lange Abstände misst man in **Kilometern** (km).

In einem Kilometer sind 1000 Meter.
WURMDORF 1 km

Mit welchen Einheiten würdest du diese Dinge messen?

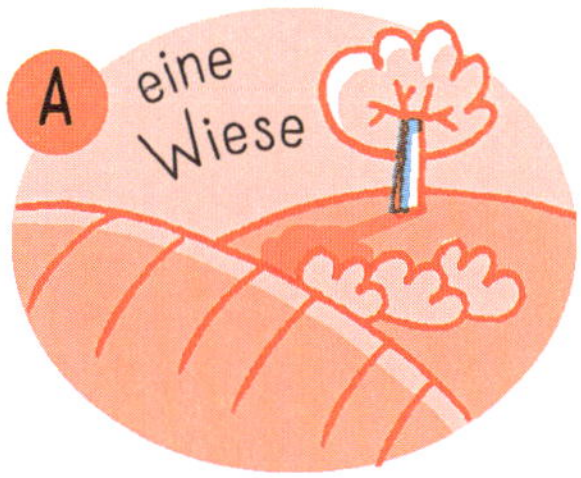
A
eine Wiese

B
ein Meer

C
einen Edelstein

LÖSUNGEN: A. Meter, B. Kilometer, C. Millimeter

Die Länge der Linie, die etwas begrenzt, heißt **Umfang**.

Du kannst den Umfang einer Form berechnen, indem du die Länge aller Seiten misst und diese dann addierst.

Die beiden längeren Seiten sind je 8 cm lang.

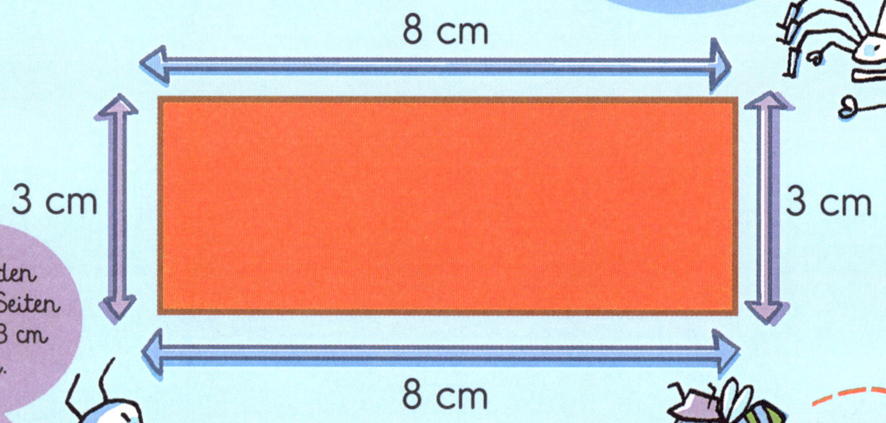

Die beiden kürzeren Seiten sind je 3 cm lang.

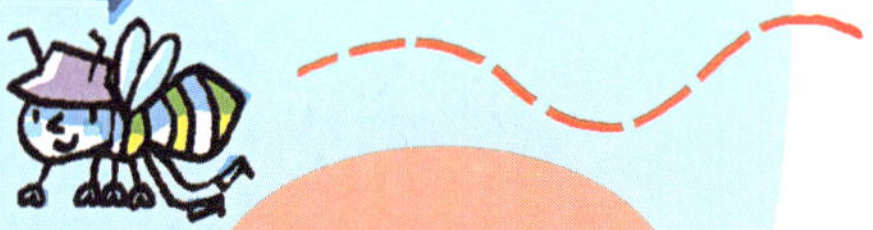

$$8 + 8 + 3 + 3 = 22$$

Der Umfang beträgt 22 cm.

Wie weit ist der Grashüpfer gehüpft?

Ich bin gerade um diesen Fußballplatz gehüpft.

50 + 50 = 100

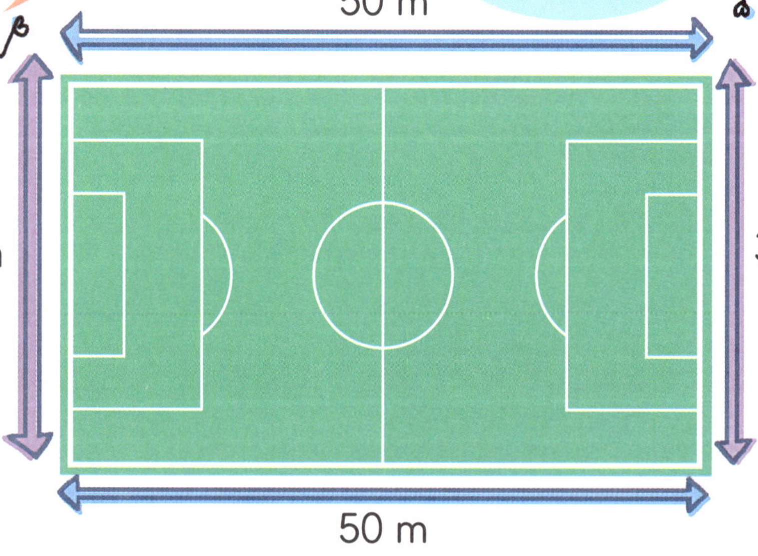

Und 30 + 30 = 60

100 + 60 = 160

Er ist insgesamt 160 Meter weit gehüpft.

Die Größe eines eingegrenzten Bereiches bezeichnet man als **Flächeninhalt**.

Diese Form besteht aus Quadraten. Zähle sie, um herauszufinden, wie groß der Flächeninhalt ist.

Es sind insgesamt 24.

Du kannst den Flächeninhalt dieser Form per Multiplikation ausrechnen.

Es sind 3 Reihen mit je 8 Quadraten.

$3 \cdot 8 = 24$ Quadrate

Zähle die Quadrate, um die Flächeninhalte dieser Formen zu vergleichen.

Welche Form hat den **größten** Flächeninhalt … … und welche den **kleinsten**?

Es ist die Form mit den **meisten** Quadraten.

Es ist die Form mit den **wenigsten** Quadraten.

A

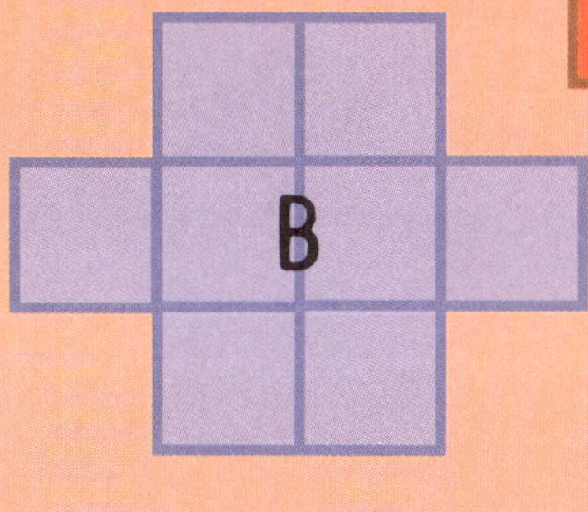
B

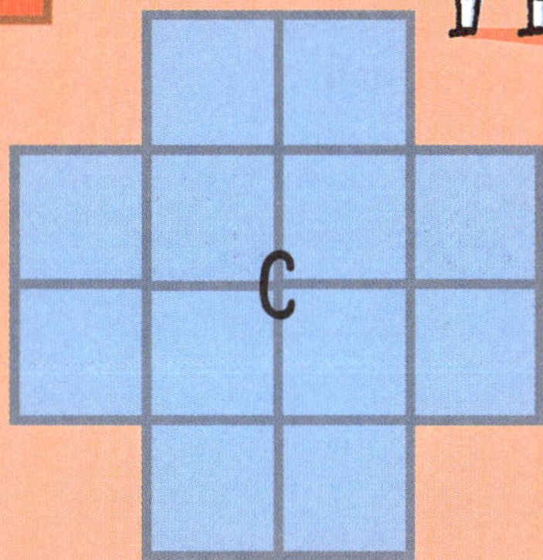
C

LÖSUNG: A hat den größten und B den kleinsten Flächeninhalt.

Du wiegst Dinge, um zu messen, wie schwer sie sind.

Welcher dieser Gegenstände ist wohl am schwersten?

Welcher ist am leichtesten?

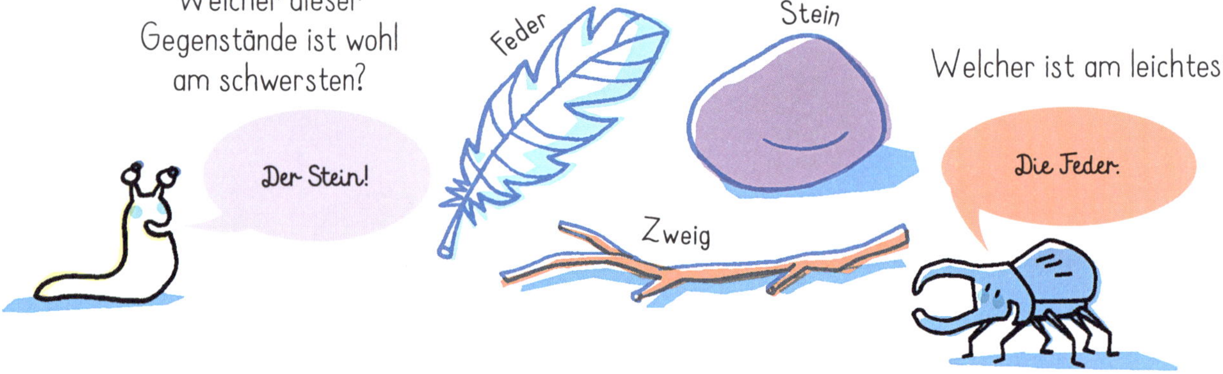
Der Stein!
Feder
Stein
Zweig
Die Feder.

Je mehr du von etwas hast, desto schwerer wird es.

Wir sind mehr, deshalb neigt sich die Wippe auf unserer Seite nach unten.

Aber größere Dinge sind nicht immer schwerer als kleine Dinge.

Eine Dose Bohnen ist schwerer als ein großer Strandball.

Die Dose hat mehr Masse.

Es hängt davon ab, woraus ein Gegenstand besteht oder womit er gefüllt ist.

Soll ich Masse oder Gewicht sagen?

Im Alltag sagt man Gewicht anstatt Masse, und das ist in Ordnung. Aber in der Mathematik und den Naturwissenschaften ist Masse der korrekte Begriff.

Masse wird in Gramm (g) und Kilogramm (kg) gemessen.

Mit Gramm misst man leichtere Dinge …

… und mit Kilogramm schwerere.

80 g
In einem Kilogramm sind 1000 Gramm.
Zucker
1 kg

Es kann nützlich sein, eine grobe Vorstellung davon zu haben, wie viel Dinge wiegen.

Diese Dinge wiegen ungefähr 1 g.
1€

Diese Dinge wiegen ungefähr 1 kg.

Was ist schwerer – ein Kilogramm Federn oder ein Kilogramm Steine?

Keines von beiden! Beide wiegen 1 Kilogramm.

Würdest du diese Dinge in Gramm oder Kilogramm wiegen?

A
Person
B
Wolle
C
Teddybär
A

LÖSUNGEN: A. Kilogramm, B. und C. Gramm

Die Menge, die ein Gefäß aufnehmen kann, heißt Fassungsvermögen.

In welches Gefäß passt mehr Tee?
Teekanne
Tasse
In die Teekanne. Ihr Fassungsvermögen ist größer.

Was hat das kleinere Fassungsvermögen?
Schwimmbecken
Planschbecken
Das Planschbecken. Es kann weniger Wasser aufnehmen.

Wie verändert sich das Fassungsvermögen der Keksdose?
Sie ist voll.
Sie ist halb voll.
Oder halb leer.
Und jetzt ist sie leer! Man kann sie wieder füllen.

Du kannst das Fassungsvermögen mit Würfeln messen.

Zähle die Würfel, um das Fassungsvermögen der Schachteln zu erfassen.

Vier Würfel.
Sechs Würfel.

Flüssigkeiten kannst du in Millilitern (ml) und Litern (l) messen.

Benutze Milliliter bei kleinen Mengen.
In einem Liter sind 1000 Milliliter.
Dieser Messzylinder hat ein Fassungsvermögen von 100 ml.
Wir haben ihn mit 30 ml Wasser gefüllt.
100
90
80
70
60
50
40
30
20
10 ml
Benutze Liter bei großen Mengen.
Dieses Regenfass kann 100 Liter aufnehmen.
Es ist halb voll, enthält also 50 Liter Regenwasser.

Wenn du das nächste Mal einkaufen gehst, achte auf die Mengenangaben auf den Produkten. Was denkst du, welche Maßeinheiten gehören zu diesen hier?

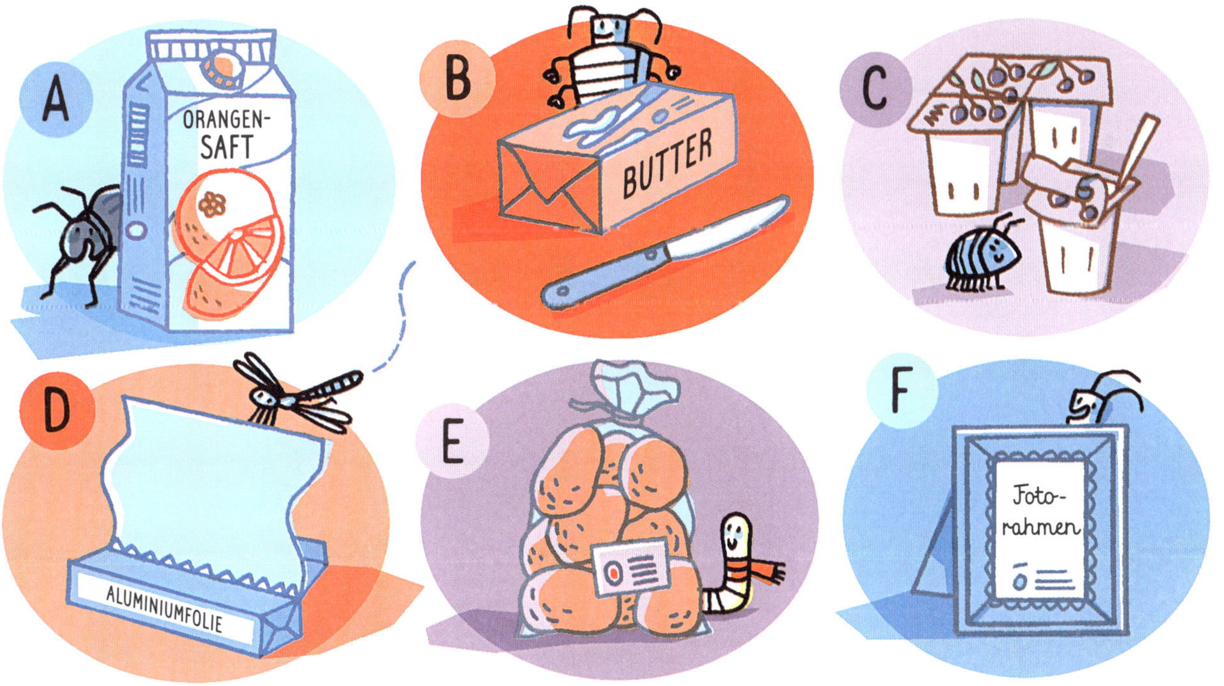

A
ORANGEN-SAFT
B
BUTTER
C
D
ALUMINIUMFOLIE
E
F
Foto-rahmen

LÖSUNGEN: A. Liter, B. Gramm, C. Milliliter oder Gramm, D. Meter, E. Kilogramm, F. Zentimeter

Die Zeit bestimmen

Die Zeit sagt uns, wann etwas stattfindet und wie lange es dauert.

Es gibt Wörter für verschiedene Tage ...

Ich bin **gestern** zum Zahnarzt gegangen.
Ich bin **heute** beim Zahnarzt.
Ich werde **morgen** zum Zahnarzt gehen.

... und Wörter für verschiedene Tageszeiten.

Guten **Morgen.**
Guten **Tag.**
Guten **Abend.**
Gute **Nacht.**

Die Einheiten für die Zeitmessung sind Sekunden, Minuten und Stunden.

Eine Sekunde dauert ungefähr so lange, wie wenn du sagst:

60 Sekunden sind eine Minute.

60 Minuten sind eine Stunde.

Eine Sekunde.
So lange dauert es ungefähr, zehn Mal tief einzuatmen.
Man braucht etwa eine Stunde, um einen Kuchen zu backen.

Zähle langsam die Sekunden. 1... 2 ... 3 ... 4 ...

Was kannst du noch in einer Minute tun?

Ein Tag ist 24 Stunden lang.

Uhren und Anzeigen geben die Uhrzeit auf zwei verschiedene Weisen an.

Digitaluhren verwenden Ziffern.

Die Zahl vor den Punkten gibt die Stunde an.

Die Zahl nach den Punkten gibt die Minuten nach der Stunde an.

Damit klar wird, welche Tageszeit gemeint ist, verwendet man Zusätze wie „morgens" oder „abends".

Traditionelle Uhren haben **Zeiger**.

Jede Zahl zeigt eine Stunde des Tages an.

Der **kleine Zeiger** gibt die **Stunde** an.

Minuten werden durch kleine Linien markiert.

Der **große Zeiger** gibt an, wie viele **Minuten** in jeder Stunde vergangen sind (siehe Seite 60).

Die Zeiger bewegen sich immer rechtsherum. Man sagt im Uhrzeigersinn.

Du kannst jede Stunde in Viertelstunden und halbe Stunden einteilen.

Wenn der große Zeiger auf der 12 steht, zeigt der kleine die **volle Stunde** an.

Der kleine Zeiger zeigt auf die 1, es ist also ein Uhr.

Der große Zeiger ist ein Viertel des Weges um die Uhr gewandert.

Es ist Viertel nach eins.

Wie weit ist der große Zeiger gewandert?

Die Hälfte des Weges. Es ist halb zwei.

Jetzt muss er nur noch ein Viertel zurücklegen, um wieder oben anzukommen.

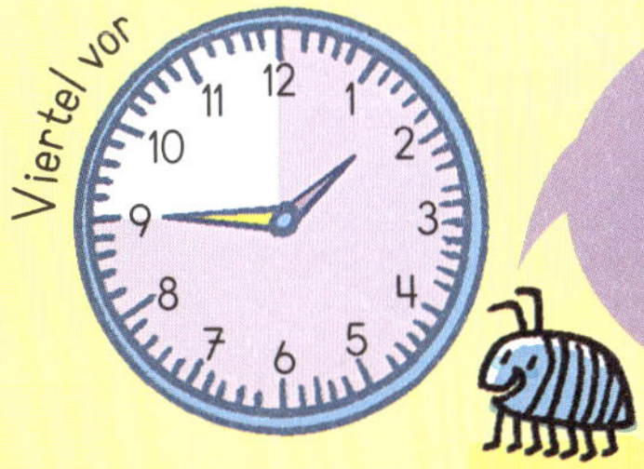

Wenn der Zeiger oben ist, ist es zwei Uhr. Nun ist es also Viertel vor zwei.

Du kannst die Uhrzeit bestimmen, indem du die Minuten zählst: nach der vollen Stunde und vor der nächsten Stunde.

Der große Zeiger braucht 5 Minuten von einer Zahl zur nächsten.

Zähle in Fünferschritten. Wenn der große Zeiger auf 4 steht, zähle 5, 10, 15, 20 – es ist 20 Minuten nach der vollen Stunde.

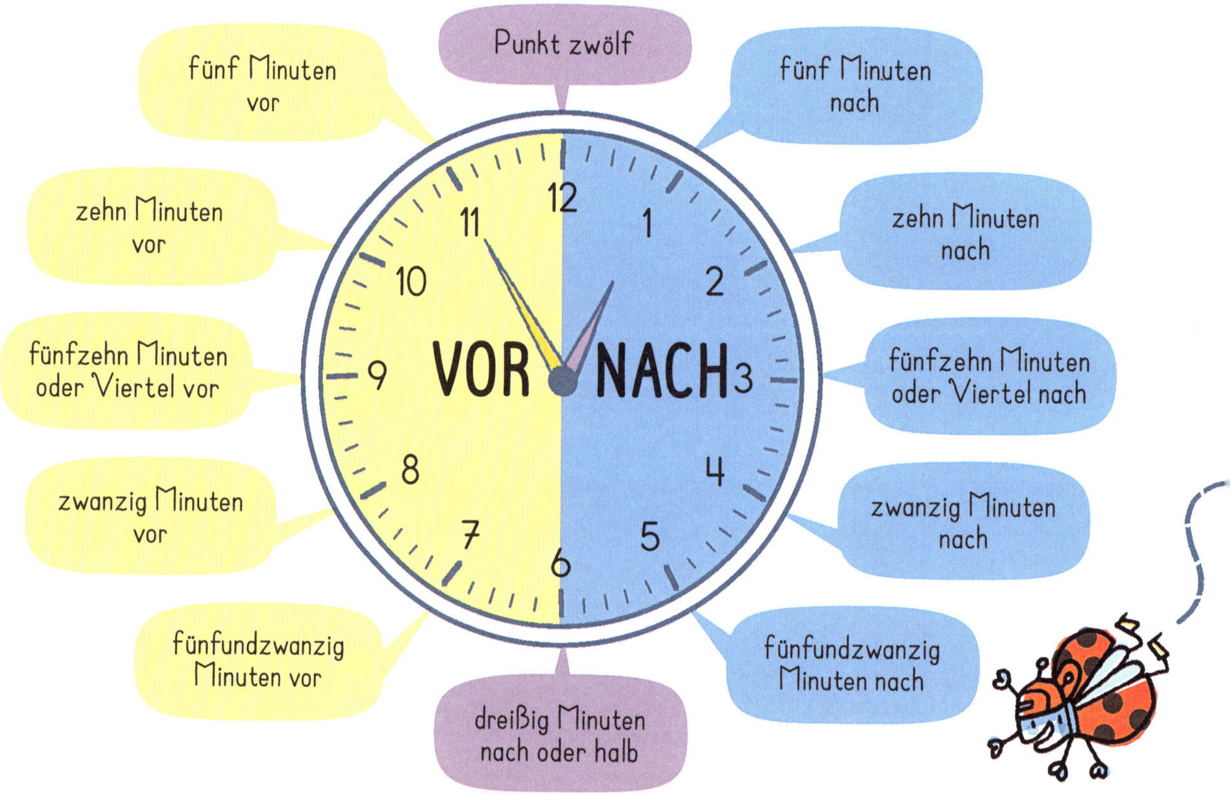

Wie viel Uhr ist es hier?

Auf dieser Uhr stehen **römische Zahlen.** Kannst du immer noch die Zeit ablesen?

LÖSUNGEN: A. 6 Uhr, B. Viertel vor 5, C. 10 nach 8, D. 25 nach 10, E. 5 vor 9

Längere Zeiträume werden in **Tagen, Wochen, Monaten** und sogar **Jahren** angegeben.

Eine Woche hat 7 **Tage.** Hier siehst du ihren Verlauf:

Montag – Dienstag – Mittwoch – Donnerstag – Freitag – Samstag – Sonntag

Ein Jahr hat 52 Wochen.

Diese zwei Tage bilden das Wochenende.

Jedes Jahr ist in 12 **Monate** aufgeteilt.

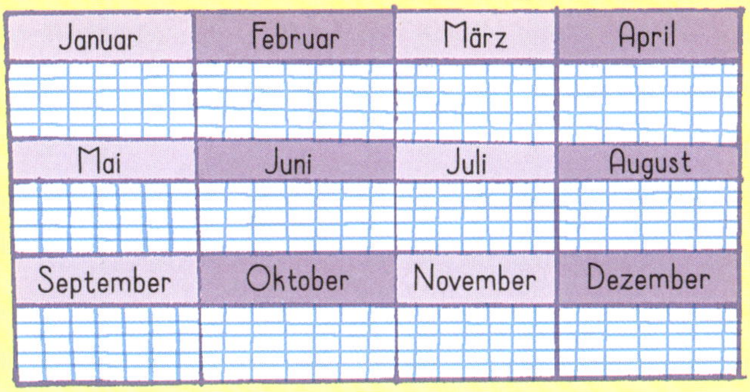

Jeder Monat hat ungefähr 30 Tage. Man zählt die Tage, um das genaue **Datum** zu kennen.

Dieses Datum ist der 14. August.

Mit diesem Trick kannst du dir leicht die genaue Zahl der Tage in jedem Monat merken. Schau dir deine Handknöchel und die Zwischenräume an.

Die Monate AUF den Knöcheln haben 31 Tage ...

Welches Datum kommt danach?

Mittwoch
30. APRIL

Welcher Tag kommt davor?

Montag
1. AUGUST

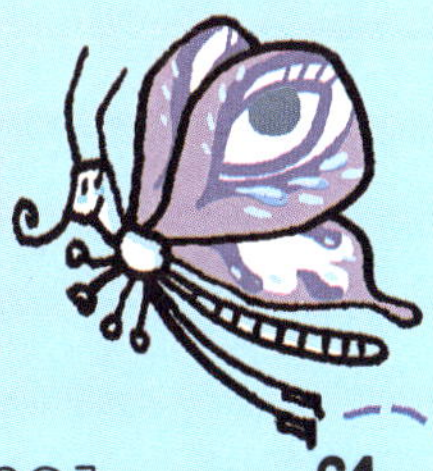

LÖSUNG: Donnerstag, der 1. Mai

LÖSUNG: Sontag, der 31. Juli

Geld

Mit Geld kannst du etwas bezahlen. Geld gibt es als Scheine und Münzen.

Die Zahl auf einer Münze oder einem Schein gibt den Wert an.

1
2
5
10
In Käfergeld ist meine Münze 10 wert.
Meine Münze hat den niedrigsten Wert.
10
20
Scheine sind normalerweise mehr wert als Münzen.

Du kannst auch mit einer Kreditkarte oder deinem Smartphone bezahlen.

In anderen Ländern gibt es andere Geldeinheiten, man nennt sie Währungen.

Hier siehst du einige mit ihren Zeichen.

£ Pfund → p Pence

$ Dollar → ¢ Cent

€ Euro → c Cent

Ein britisches **Pfund** entspricht 100 **Pence.**

Ein amerikanischer **Dollar** entspricht 100 **Cent.**

Ein **Euro** entspricht 100 **Cent.**

Im Deutschen steht das Zeichen für Euro, Pfund und Dollar meist **nach** der Zahl.

Wie viel kostet eine Melone?
1$
Einen Dollar.

Das Zeichen für Cent oder Pence steht ebenfalls **nach** der Zahl.

Wie viel kostet der Schokoriegel?
60 c
60 Cent.

Es gibt noch viele andere Geldeinheiten mit dazugehörigen Zeichen auf der Welt.

Du kannst aus Münzen alle möglichen Beträge zusammenstellen.

Hier siehst du, wie du das für 20 Cent machst.

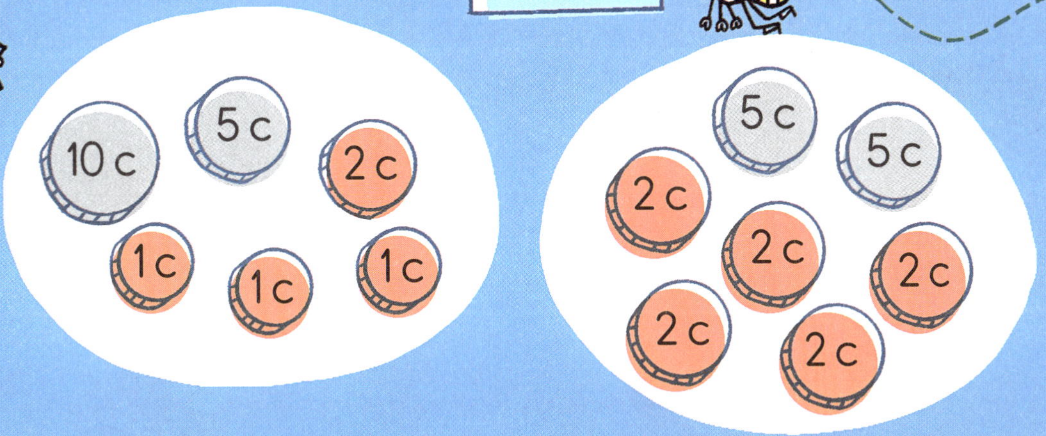

Eine Flasche Apfelsaft kostet einen Dollar. Welche Münzen brauchst du dafür?

Denk daran: Ein Dollar entspricht 100 Cent. Die Zahlen auf den Münzen müssen also 100 ergeben.

Beim Einkaufen siehst du Preise wie unten in den Bildern.

2,99 €
2 Euro ...
... und 99 Cent.

Die zwei Zahlen werden mit einem Komma abgetrennt.

3,75 $
3 Dollar ...
... und 75 Cent.

1,20 £
1 Pfund ...
... und 20 Pence.

Wie viel kosten diese Dinge zusammen?

70 c
1,20 €
Sandwich
1 €

Addiere zuerst die Cent.

20 + 70 = 90

90 Cent.

Dann rechne die Euros dazu.

Sie kosten 2 Euro und 90 Cent.
2,90 €

Die Spinne hat einen Saft und ein Stück Pizza bestellt. Wie viel kostet das?

KARTE
Kakao - 1,50 €
Saft - 2,60 €
Stück Pizza - 2,25 €
Spaghetti - 3,50 €
BON
4,85 €
Das macht 4 Euro und 85 Cent.

Wenn du einen Betrag nicht passend hast, bekommst du im Geschäft oder im Café **Wechselgeld**.

Wechselgeld ist die **Differenz** zwischen dem Preis und dem Betrag, den du gibst.

Du kannst es als **Subtraktion** schreiben.

GEGEBENER BETRAG – PREIS = WECHSELGELD

Die Spinne bezahlt die Pizza und den Smoothie mit einem 5-Euro-Schein. Wie viel Wechselgeld bekommt sie?

BON
4,85 €
5 €

5 € - 4,85 € = ☆

Eine einfache Methode, um dies auszurechnen: **Zähle** vom Preis bis zum gezahlten Betrag.

Hier sind 10 c. Das macht 4,95 €.
10 c
Und 5 c dazu macht 5 €.
5 c
10 c + 5 c = 15 c
Ich bekomme 15 c Wechselgeld.

Kannst du diese Aufgaben lösen?

A

Die Biene hat einen 10-Euro-Schein.

Sie kauft einen Schal, der 8 Euro kostet.

10

Wie viel Wechselgeld bekommt sie?

B

Der Käfer hat diese Münzen im Geldbeutel.

50 c
20 c
20 c
5 c
1 c
Kann ich kaufen, was ich möchte?
Käse
80 c
Thunfisch
95 c
Wurst
1,10 €

LÖSUNGEN: A. 2 €, B. Nein, nur das Käse- oder Thunfischbrot.

Formen

Es gibt ebene Formen (Figuren) und räumliche Formen (Körper).

Figuren sind **2-D.** Sie haben eine unterschiedliche Anzahl von **Seiten** und **Eckpunkten.**

Seite
Eckpunkt

An einem Eckpunkt treffen sich zwei oder mehrere Seiten.

Eckpunkt

Du kannst statt Eckpunkt auch einfach Ecke sagen.

Was bedeutet 2-D?

Es bedeutet, dass eine Figur zwei Dimensionen hat – oder zwei Richtungen, die man messen kann.

Eine Linie hat nur eine Dimension.

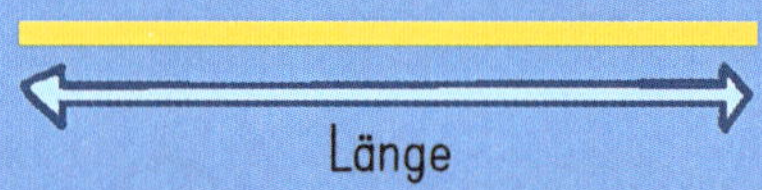

Länge

Eine Figur hat zwei Dimensionen, sie ist **2-D.**

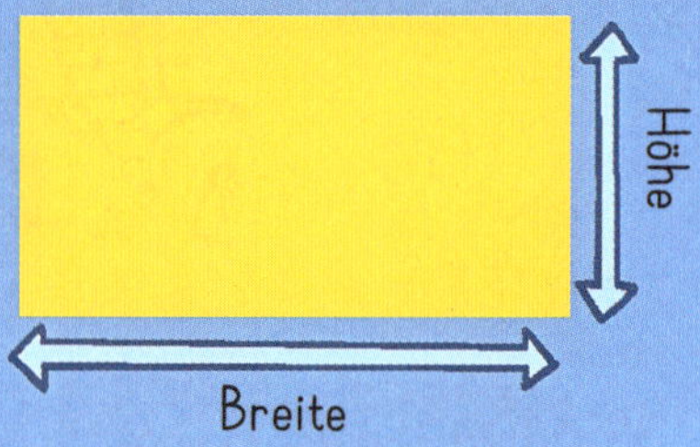

Höhe
Breite

Ein Körper hat drei Dimensionen, er ist **3-D.**

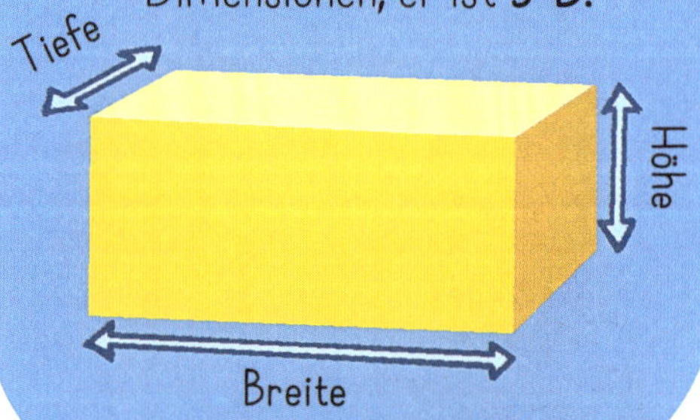

Tiefe
Höhe
Breite

Einige Formen sind **symmetrisch.** Das bedeutet, dass ihre Hälften gespiegelt sind.

Ich bin symmetrisch!

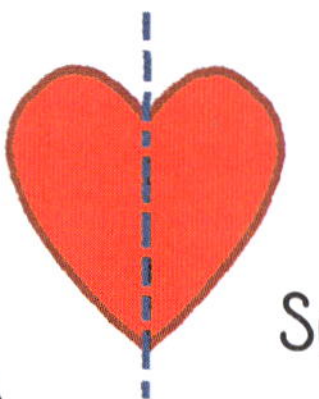

Die Linie zwischen den Hälften heißt **Symmetrieachse.**

Einige Formen haben mehrere Symmetrieachsen.

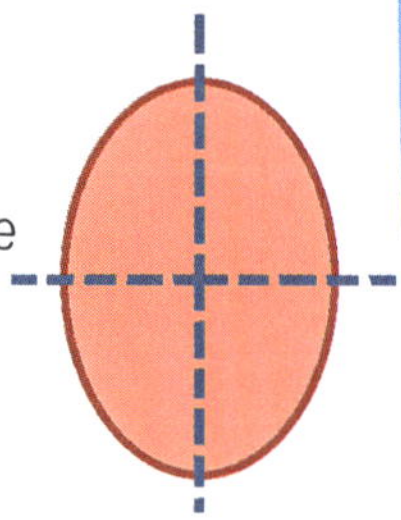

Schneide verschiedene Formen aus Papier aus und falte sie dann in zwei Hälften.

Wenn die Hälften genau gleich sind, dann ist die Form symmetrisch.

Viele Figuren haben ihren eigenen Namen.

DREIECKE
Sie haben drei Seiten und drei Eckpunkte.
FÜNFECKE
Sie haben fünf Seiten und fünf Eckpunkte.

RECHTECKE
Sie haben vier Seiten und vier Ecken. Die gegenüberliegenden Seiten sind gleich lang.
Die vier Ecken haben alle dieselbe Form. Diese Art von Ecke heißt **rechter Winkel**.

Regelmäßige Figuren haben gleich lange Seiten und gleich große Winkel.

regelmäßiges Dreieck
regelmäßiges Fünfeck
regelmäßiges Sechseck
Sechsecke haben sechs Seiten und sechs Ecken. Ein **regelmäßiges** Sechseck hat sechs gleich lange Seiten und sechs gleich große Winkel.
Ein regelmäßiges Rechteck ist ein Quadrat!
Quadrat
Kreis
Alle Kreise sind regelmäßig. Der Abstand zwischen Seite und Mittelpunkt ist immer gleich.

Hier siehst du einige 3-D-Körper.

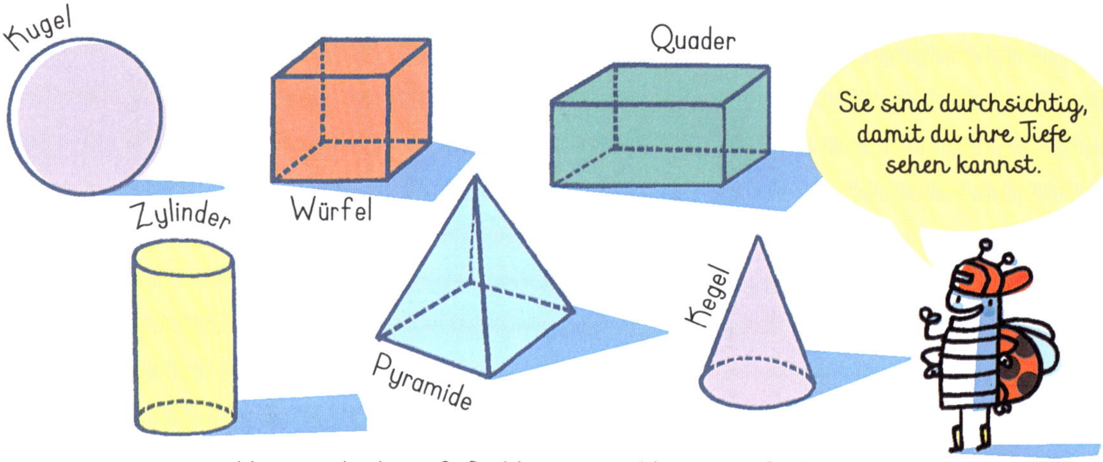
Kugel
Würfel
Quader
Zylinder
Pyramide
Kegel
Sie sind durchsichtig, damit du ihre Tiefe sehen kannst.

Kannst du diese 3-D-Körper zu Hause finden?

Ich habe viele Zylinder.
Ein Ball ist eine Kugel.
Hier sind einige Quader.
Das ist ein Würfel!
Ich habe einen Kegel gefunden!

Versuche, einen 3-D-Körper zu schieben. Was passiert?

Ein gebogener rollt ...
... und ein ebener gleitet!

Welche Form haben diese Dinge?

A
B
C

LÖSUNGEN: A. Zylinder, B. Kegel, C. Quader

Die Merkmale, mit denen du Formen beschreibst oder vergleichst, bezeichnet man als Eigenschaften.

An 3-D-Körpern gibt es Kanten, Eckpunkte und auch **Flächen**, die du zählen kannst.

Würfel und Quader haben 6 Flächen.

oben
vier an den Seiten
unten

Vergiss nicht, die Flächen mitzuzählen, die du nicht sehen kannst (auf der Rückseite).

Ein Zylinder hat 3 Flächen.

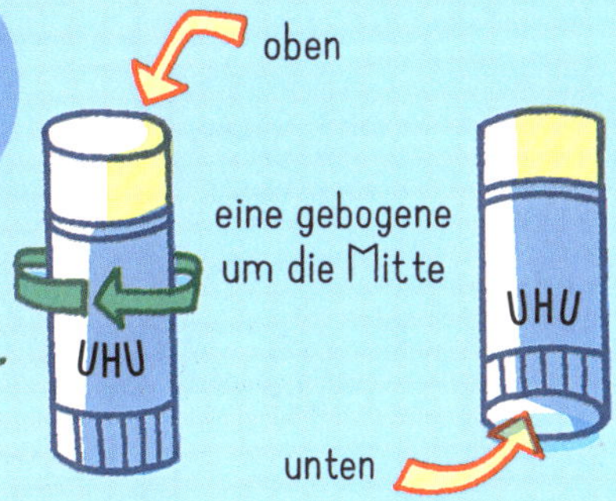
oben
UHU
eine gebogene um die Mitte
UHU
unten

Vergleiche die Eigenschaften dieser 3-D-Körper.

FORM	KANTEN	ECKPUNKTE	FLÄCHEN
WÜRFEL QUADER	12	8	6
KUGEL	0	0	1
ZYLINDER	2	0	3
VIERSEITIGE PYRAMIDE	8	5	5
KEGEL	1	1	2

Viele 3-D-Körper haben mindestens eine ebene Fläche. Welche 2-D-Figuren ergeben sich, wenn du sie als Stempel benutzt?

Ein Quadrat.
Ein Rechteck oder ein Quadrat.
Kreise.
Ein Dreieck oder ein Quadrat.

Position und Richtung

Es gibt viele nützliche Wörter, mit denen du beschreiben kannst, wo etwas ist und in welche Richtung es sich bewegt.

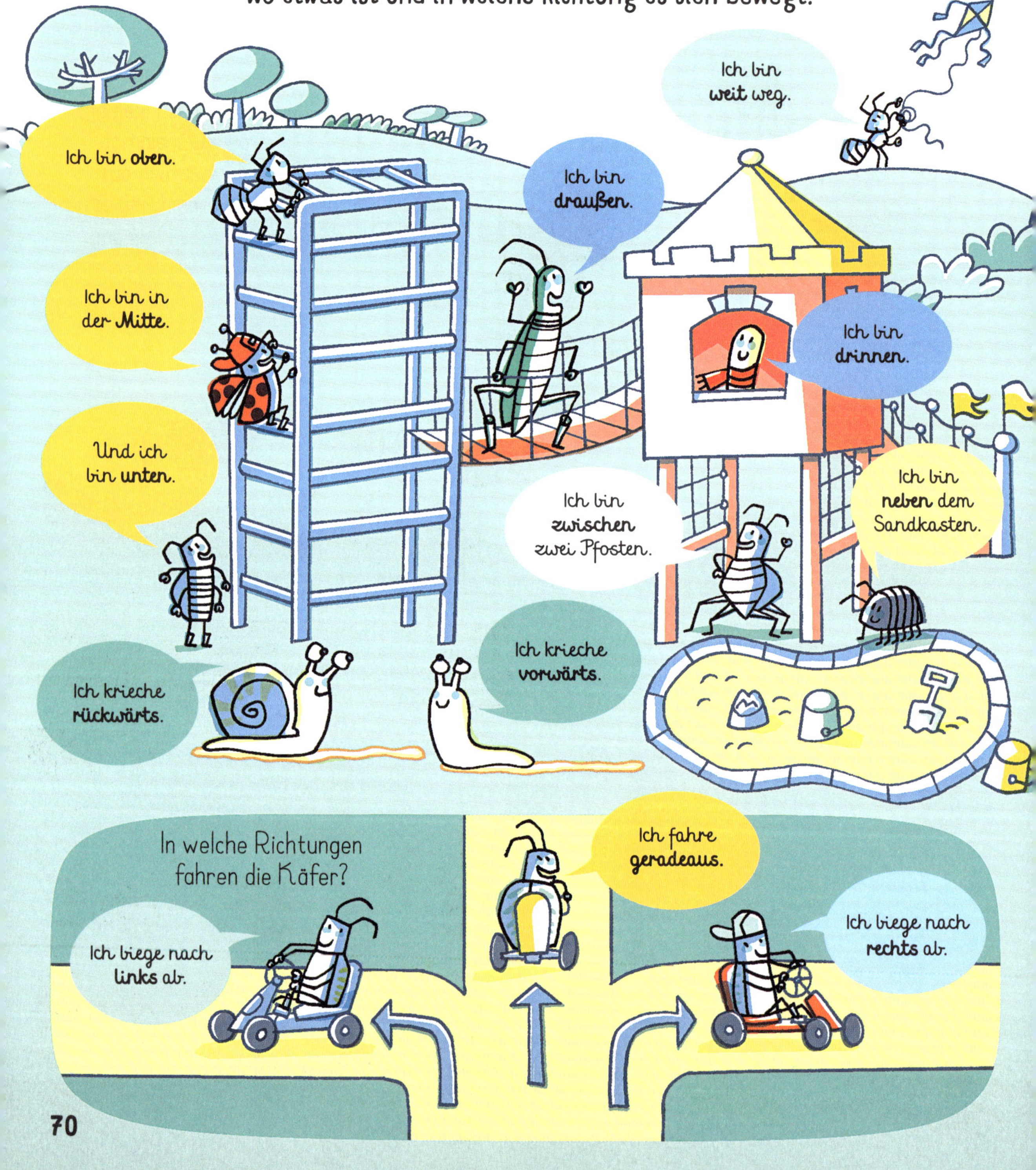

Ich bin oben.
Ich bin in der Mitte.
Und ich bin unten.
Ich bin draußen.
Ich bin weit weg.
Ich bin drinnen.
Ich bin zwischen zwei Pfosten.
Ich bin neben dem Sandkasten.
Ich krieche rückwärts.
Ich krieche vorwärts.
In welche Richtungen fahren die Käfer?
Ich biege nach links ab.
Ich fahre geradeaus.
Ich biege nach rechts ab.

Es gib auch nützliche Wörter, um **Drehungen** zu beschreiben.

Dieser Regler wird im **Uhrzeigersinn** gedreht. Wie änderst du die Einstellungen?

Eine **Dreiviertel-drehung** für HEISS.

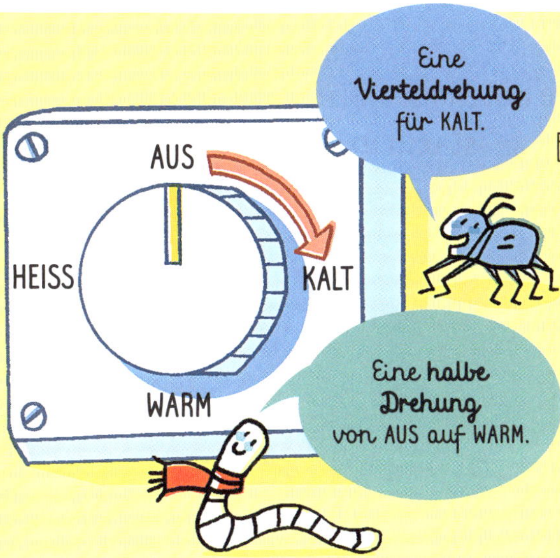

AUS
HEISS
KALT
WARM
Eine **Vierteldrehung** für KALT.
Eine **halbe Drehung** von AUS auf WARM.

Eine Vierteldrehung ist ein **rechter Winkel.**

Wenn du den Regler von AUS einmal herum zurück auf AUS drehst, ist es eine **ganze Drehung.**

Kannst du es dem Marienkäfer nachmachen und dich so drehen wie er?

START	Vierteldrehung nach rechts	halbe Drehung nach links	Dreivierteldrehung nach rechts	ganze Drehung, egal, welche Richtung

Die Ameise hat sich im Labyrinth verirrt. Kannst du ihr helfen?

Jedes Quadrat ist ein Schritt.

Drehe das Buch nach jeder Richtungsangabe, damit du in die gleiche Richtung wie die Ameise blickst.

1. Gehe 2 Schritte vorwärts und biege nach links ab.
2. Gehe 3 Schritte geradeaus und biege dann wieder nach links ab.
AUS-GANG

3. Gehe 4 Schritte vorwärts und mache dann eine Viertel-drehung nach rechts.
4. Der Ausgang liegt vor dir!

Muster und Musterfolgen

Wenn du Figuren so anordnest, dass sie sich wiederholen, entsteht ein Muster. Wenn sich Muster mehrfach wiederholen, entsteht eine Musterfolge.

Hier wechseln sich ein gelbes und ein blaues Quadrat ab.

Welche Farbe hat das nächste Quadrat in diesem Muster?

Blau!

Dieses Muster besteht aus drei Figuren, die sich wiederholen.

Welche Figur kommt in der Folge als Nächstes?

Ein gelbes Rechteck.

Kannst du diese Aufgaben lösen?

A Welches Insekt fehlt in diesem Muster?

B Wohin wird der Pfeil als Nächstes zeigen?

Der Pfeil macht jedes Mal eine Vierteldrehung im Uhrzeigersinn.

LÖSUNGEN: A. Spinne, B. nach unten

Du kannst auch Zahlen in eine Musterfolge bringen.

Um eine solche Musterfolge zu verstehen, musst du die Regel kennen, die ihr zugrunde liegt. Welche Regel ist es hier?

Jeder Marienkäfer hat 2 Punkte mehr als der Käfer davor.
Wer kommt als Nächstes?
Ich! Ich habe 10 Punkte.

Wie funktioniert diese Musterfolge?

17
15
13
11
9
7
-2
-2
Die Farben Gelb und Grün wechseln sich jeweils ab.
Und die Zahl wird jedes Mal um 2 kleiner.
Was kommt als Nächstes?
7 - 2 = 5
Die 5 auf einem gelben Rechteck!

Die Fliege erstellt eine Musterfolge aus Formen, Größen und Farben.

Vergleiche jede Figur mit der nächsten. Was ändert die Fliege jeweils?

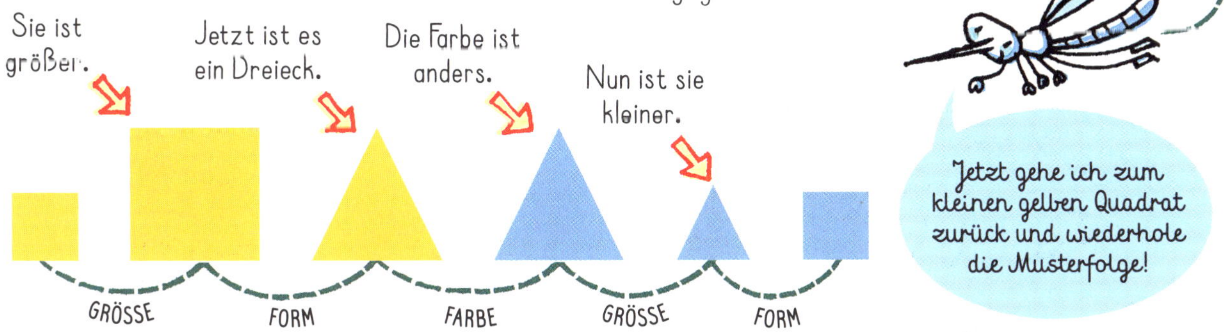

Sie ist größer.
Jetzt ist es ein Dreieck.
Die Farbe ist anders.
Nun ist sie kleiner.
GRÖSSE
FORM
FARBE
GRÖSSE
FORM
Jetzt gehe ich zum kleinen gelben Quadrat zurück und wiederhole die Musterfolge!

Erstelle deine eigene Musterfolge.

Du kannst Figuren oder Zahlen benutzen.

Überlege dir eine Regel. Was soll sich jedes Mal ändern?

Zeige deine Musterfolge Freunden. Finden sie raus, wie es weitergeht?

Daten nutzen

Daten sind gesammelte Fakten. Du kannst nützliche Informationen daraus gewinnen.

Hier sind einige Beispiele, wofür Daten gut sein können.

Welches Obst sollen wir für die Fußballspieler kaufen?
Wir fragen einfach alle, was sie am liebsten mögen.

Wie verkehrsreich ist die Straße am Park?
Lass uns schauen, wie viele Fahrzeuge pro Stunde vorbeifahren.

Soll ich einen Mantel einpacken?
Lass uns die Wettervorhersage für nächste Woche anschauen.

Du erhältst Daten, wenn du Fragen stellst ...

Welches Obst esst ihr am liebsten?

... oder beobachtest und zählst.

Ich zähle die verschiedenen Fahrzeugtypen, die vorbeifahren.

Informationen, die auf einem Computer oder Smartphone gespeichert und benutzt werden, nennt man auch **Daten**.

Eine **Strichliste** ist nützlich, um den Überblick zu behalten.

Diese **Strichliste** zeigt, welches Obst die Spieler am liebsten mögen. Insgesamt waren es 24 Spieler, die jeweils eine Obstsorte ausgewählt haben.

OBST
SO VIELE MÖGEN ES
Äpfel
Bananen
Orangen
Mangos
Erdbeeren
Jeder Strich steht für einen Spieler.
Wenn jemand ein neues Obst nennt, kannst du es hierhin schreiben.
Mehr über Zählstriche erfährst du auf Seite 7.

Du kannst dieselben Informationen auch in einem **Piktogramm** darstellen.

Ein Piktogramm verwendet Bilder oder Symbole, um Daten darzustellen.

In diesem Piktogramm stellt jedes Bild einen Spieler dar, der dieses Obst gewählt hat.

OBST
SO VIELE MÖGEN ES
Äpfel
Bananen
Orangen
Mangos
Erdbeeren
Das Obst mit der längsten Reihe von Bildern ist am beliebtesten.

Welches Obst mögen die wenigsten?

Orangen!

Du kannst Daten ganz einfach in einer **Tabelle** darstellen.

Diese Tabelle zeigt die Fahrzeuge, die der Käfer gezählt hat.

Achte darauf, dass die Tabelle übersichtlich ist, damit man die Informationen einfach lesen kann.

FAHRZEUGTYP	WIE VIELE
Auto	6
Laster	2
Fahrrad	2
Bus	1
Motorrad	4

Es ist oft einfacher, Fakten in einem **Schaubild** oder **Diagramm** zu vergleichen.

Du kannst Daten aus einer Tabelle in ein **Blockdiagramm** übertragen.

Diese Zahlen sagen dir, wie viele Fahrzeuge es waren.

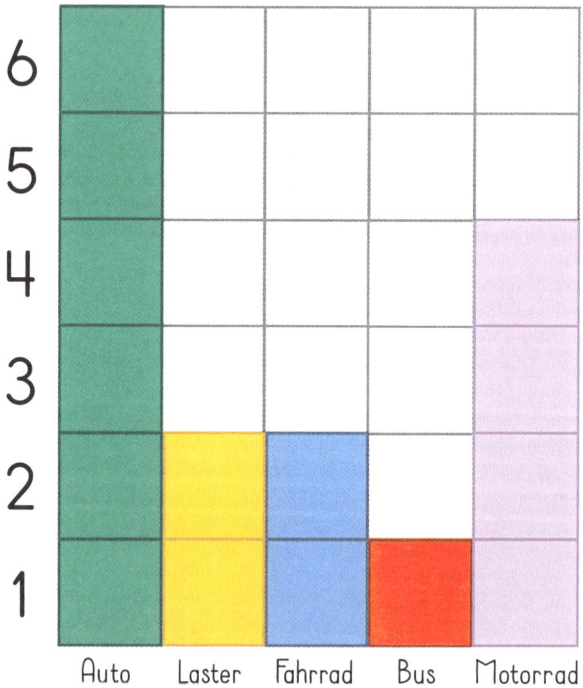

Jeder Block repräsentiert ein Fahrzeug.

Jeder Fahrzeugtyp hat eine andere Farbe.

Welche zwei Fahrzeugtypen waren am häufigsten?

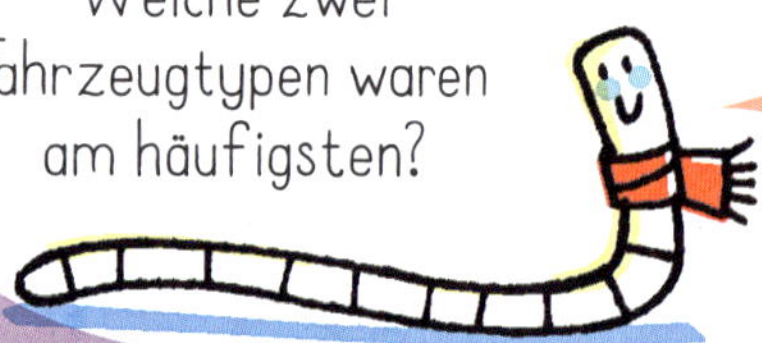

Autos und Motorräder.

Wie könnte die Straße ruhiger werden?

Nimm den Bus oder geh zu Fuß, anstatt mit dem Auto zu fahren!

Wenn du mit größeren Zahlen arbeitest, ist ein **Säulendiagramm** nützlich.

Die Insekten haben abgestimmt, welche drei Disziplinen am Sporttag stattfinden sollen. Sie konnten jeweils nur für eine Disziplin stimmen.

Die Säulen repräsentieren die Disziplinen. Das obere Ende jeder Säule reicht an die Anzahl der Insekten, die für die Disziplin gestimmt hat.

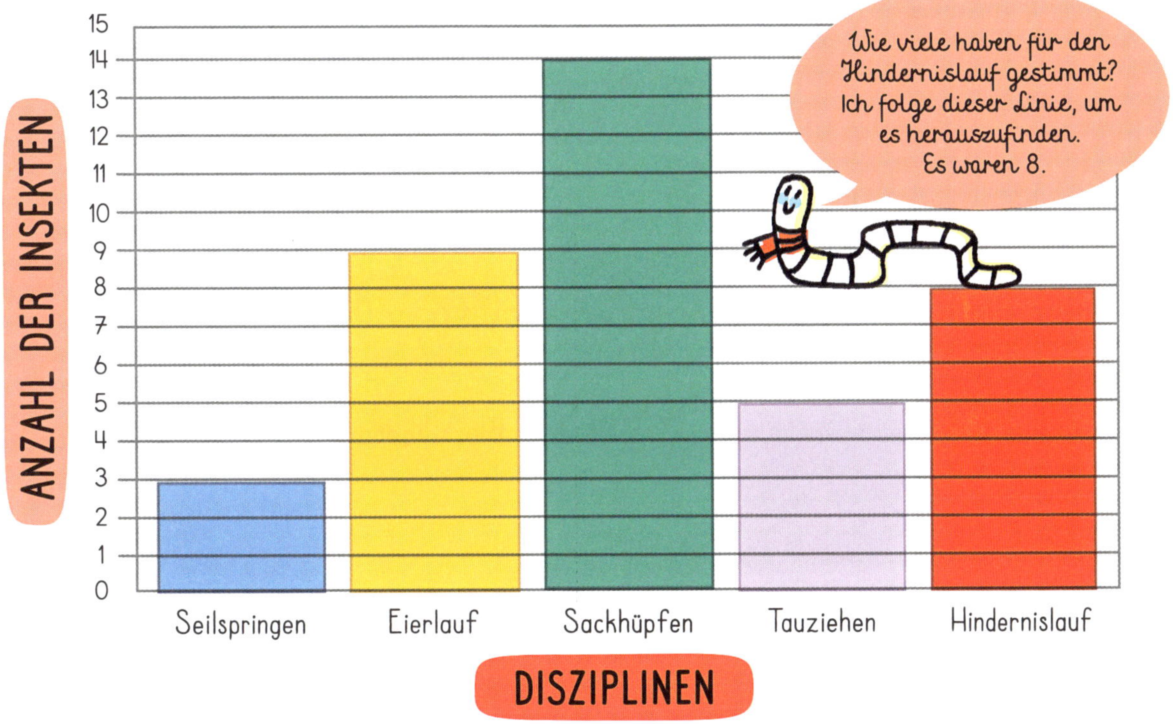

Kannst du mit den Daten von oben diese Fragen beantworten?

A Welche drei Disziplinen waren am **beliebtesten**?

B Welche Disziplin war am **wenigsten** beliebt?

C Wie viele Insekten **mehr** stimmten für das Sackhüpfen als für das Seilspringen?

D Wie viele Insekten haben **insgesamt** abgestimmt?

LÖSUNGEN: A. Sackhüpfen, Eierlauf, Hindernislauf, B. Seilspringen, C. 11, D. 39

Begriffserklärungen

Hier findest du einige der mathematischen Begriffe in diesem Buch erklärt.

2-D – nur zwei Dimensionen: Breite und Höhe. Figuren sind 2-D.

3-D – drei Dimensionen: Breite, Höhe und Tiefe. Körper sind 3-D.

Aufgabenfamilie – mathematische Aufgaben und ihre Lösungen, die auf den gleichen Zahlen basieren.

Auf- und Abrunden – eine Zahl anpassen, um einfacher rechnen zu können. Aufrunden macht eine Zahl größer, Abrunden kleiner.

Blockdiagramm – stellt Daten anhand von verschiedenen Blöcken dar.

Bruch – ein Teil eines Ganzen oder einer Gruppe von Dingen, zum Beispiel eine Hälfte.

Daten – eine Sammlung von Fakten.

Dividieren – etwas teilen.

Eigenschaften – damit kannst du Dinge beschreiben und vergleichen, zum Beispiel die Zahl der Kanten und Flächen eines Körpers.

Einheiten – Maßangaben wie Zentimeter für Länge und Gramm für Masse.

Fassungsvermögen – der Inhalt, der in einen 3-D-Körper passt.

Flächen – die verschiedenen Seitenflächen eines 3-D-Körpers.

Flächeninhalt – die Größe der Fläche einer Form bzw. Figur.

Fünfeck – eine Figur mit 5 geraden Seiten und 5 Ecken.

gerade – beschreibt Zahlen, die du genau durch zwei teilen kannst.

Kugel – rund wie ein Ball. Jeder Punkt auf ihrer Oberfläche hat den gleichen Abstand zur Mitte.

Multiplizieren – eine Zahl zu einer anderen einmal oder mehrmals hinzufügen.

Quader – ein 3-D-Körper mit 6 rechteckigen Flächen, die alle im rechten Winkel aufeinanderstehen.

Piktogramm – ein Diagramm, das mit Bildern oder Symbolen Daten darstellt.

rechter Winkel – die Form einer Ecke in einem Quadrat oder Rechteck. Er ist wie eine Vierteldrehung.

regelmäßige Figur – hat gleich lange Seiten und gleich große Winkel.

Säulendiagramm – stellt Daten anhand von verschieden hohen Säulen dar.

Sechseck – eine Figur mit 6 geraden Seiten und 6 Ecken.

Subtrahieren – eine Zahl von einer anderen abziehen oder zwei Zahlen vergleichen, um eine Differenz zu finden.

Uhrzeigersinn – die Richtung, in der sich die Zeiger einer Uhr drehen – rechtsherum.

Umfang – die Gesamtlänge der Linie um eine Form bzw. Figur.

ungerade – beschreibt Zahlen, die du nicht durch zwei teilen kannst.

verliebte Zahlen – Zahlenpaare, die zusammengerechnet die gleiche Zahl ergeben.

Volumen – der Raum, den ein 3-D-Körper ausfüllt.

Zählstriche – Linien zum Zählen, normalerweise in Fünfergruppen.

Zerlegen – eine Zahl in ihre Einer, Zehner und Hunderter aufteilen.

Ziffern – die Zahlzeichen 0 bis 9, entweder allein stehend oder kombiniert, um größere Zahlen zu bilden.

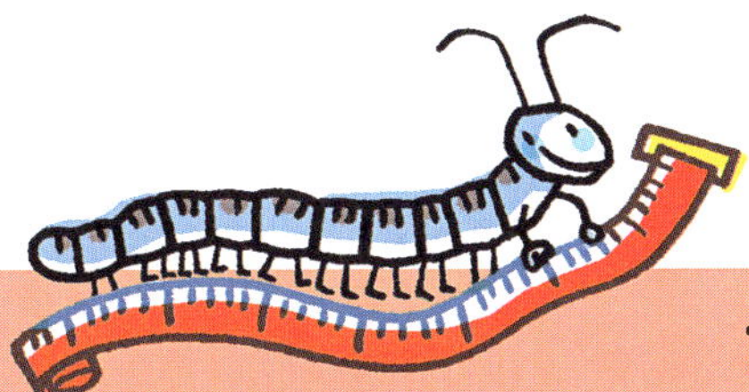

Stichwortverzeichnis

Mithilfe dieses
Verzeichnisses kannst du
herausfinden, auf welchen
Seiten was steht.

Die Begriffe sind in
alphabetischer Reihenfolge
von A bis Z aufgelistet (zu
manchen Buchstaben gibt
es keine Begriffe).

Übersetzung aus dem Englischen und Satz der deutschen Ausgabe: Andrea Reinacher
Redaktion der deutschen Ausgabe: Peter Mandrella